STOP THE STEAL

대법원의 부정선거 은폐 기록

ST♥P
THE
STEAL

대법원의 부정선거 은폐 기록

21대 총선 인천 연수을 선거무효소송 대리인
변호사 **도태우 박주현 윤용진 현성삼**

도서출판
스카이

820일 걸린 선거소송, 사법 흑역사의 상징적 판결

대법원 특별2부(대법관 천대엽·조재연·이동원)는 2022년 7월 28일 오후 2시, 1호 법정에서 인천 연수을(원고 민경욱 전 의원)의 2020년 4월 15일 총선 선거무효소송 인용 여부를 선고했다. 2년 3개월 전 제기되 던 120여 건의 선거무효소송 중 최초 판결이었다.

민경욱 전 의원이 제기한 연수을 소송은 120여 건의 선거무효소송 중 가장 일찍 제기되고 가장 많은 변론이 이루어진 대표적인 사건으로 그 결론에 관심이 집중되었다. 사건번호 대법원 2020수30인 연수을 선거 무효소송은 선거가 이루어진 2020년 4월 15일 이후 보름 만인 2020년 4월 29일 투표함 증거보전이 이루어졌고, 2020년 5월 7일 소장이 접수 되었다.

120건이 넘게 제기된 선거소송의 증거보전 과정에서, 다수의 투표지들이 삼립빵 상자에 보관되어 있거나 허허벌판에 설치된 컨테이너 가건물에 보관되어 있었던 사실이 드러났다. 국민들의 소중한 투표행사가 그토록 허술하게 관리되었다는 사실이 드러났지만, 대법원은 2020년 5월 7일 사건이 접수된 이후 법정 기한인 180일이 거의 다 지나도록 어떠한 진행도 하지 않았다. 선거법에 명시된 180일 규정, 즉 국회의원 선거무효소송은 시급성을 고려하여 대법원 단심제로 180일 내에 판결해야 한다는 법규가 휴지조각보다 못하게 대법원에 의해 무시되었다.

2020년 제21대 총선 후 정확히 1년 뒤인 2021년 4월 15일 첫 변론기일이 열리고 2021년 6월 28일 그토록 기다리던 재검표가 실시되었다. 그러나 6월 28일 인천지방법원에서 대법관 3인, 십여 명의 변호사, 수십 명의 선관위 공무원과 법원 공무원이 참여하여 만 22시간에 걸쳐 진행된 재검표에서 일장기투표지, 신권다발 같이 빳빳한 투표지 묶음들, 본드로 떡칠된 투표지, 세 장이 지그재그로 붙어서 나온 투표지, 심지어 천대엽 대법관이 촬영조차 허락하지 않고 보관해 버린 배춧잎투표지에 이르기까지 천태만상의 충격적인 이상 투표지들이 백일하에 드러났음에도, 선관위는 아무런 문제가 없는 투표지들이라고 궤변을 늘어놓았다. 그리고 그 해괴한 투표지들이 부정한 투표지들이라는 증명을 원고가 해내야 한다고 주장했다. 그러나 원고가 주장하는 서버 감정, 비례투표지와의 대조, 실제 투표 여부에 대한 표본 조사는 모두 거부당했고, 투표지 감정, 증인 조사는 극소량밖에 허용되지 않았다. 다시 거의 1년의 시간이 이런 다툼 속에 지나갔고, 2022년 4월 29일과 5월 23일 일장기투표지와 배춧잎투표지에 관해 단 두 차례의 증인 신문이 이루어졌다.

2022년 7월 28일 대법원 특별2부는 인천 연수을 선거무효소송(원고 민경욱)에 대해 기각 판결을 선고했다. 이로써 소제기 후 180일 규정을 어기고 2년 3개월, 820여 일을 끌며 실질적 법치와 자유민주주의 회복의 시금석으로 여겨지던 판결이 법치 사망 선고로 끝을 맺고 말았다.

대법원 판결문이 드러낸 왜곡과 감춘 부정

연수을 소송에 대한 대법원 판결문에는 정상 선거가 무엇인지에 대한 정의(定義)가 없다. 헌법 제41조에 명시된 선거의 원칙이 본 선거에서 지켜졌는지는 대법원의 관심 밖이었다. 대법원은 선거무효사유를 바늘구멍보다 좁게 규정하고, 선거에 관한 모든 정보를 갖고 있는 선관위의 철문을 굳게 잠가둔 채, 모든 입증책임은 원고에게 있다고 판시했다.

연수을 사건의 재검표 결과 더불어민주당 후보의 표가 128표 줄었고, 원고인 민경욱 후보의 표는 151표 늘었으며, 정의당 후보의 표는 48표가 줄었다. 재검표 역사상 개표결과와 이렇게 큰 차이가 드러난 일은 없었다. 그럼에도 대법원은 '후보자의 당락에' 영향을 주지 않는다며, 328표나 개표결과와 재검표결과가 바뀐 이유, 재검표 중 한 투표소에서 294표나 무효가 나오고, 300표가 갑자기 늘어난 이유 그리고 온갖 이상 투표지들이 재검표장에 출현한 이유를 '선거관리의 실수'로 정리했다.

이 책의 본문에서 우리는 입증책임을 아무런 선거자료 접근권이 없는 원고와 변호인단에 온전히 떠넘기고 어렵게 찾아낸 증거를 묵살한 대법원의 왜곡을 비판한다.

> 선거의 결과에 이의를 제기하여 법원에 소송을 제기하는 사람은 선거에 관한 규정에 위반된 사실에 관하여 <u>그 위반의 주체, 시기, 방법 등을 구체적으로 주장·증명하거나 적어도 선거에 관한 규정에 위반된 사실의 존재를 합리적이고 명백하게 추단할 수 있는 사정이 존재한다는 점을 구체적인 주장과 증거를 통하여 증명할 것</u>이 요구된다. (판결문 p.5, 이하 인용문 밑줄은 모두 강조)

또 우리는 송도2동 제6투표소의 당일투표 1,974매 중 1,000매 이상이 투표관리관 인장이 뭉그러진 '일장기투표지'였으며, 이 투표소를 관리한 투표관리관이 증인으로 나서 본인과 투표사무원은 이런 투표지를 본 적도 들은 적도 없다고 증언했음에도 이 상황을 '이례적이라고 보지 않은' 대법관들의 시각을 비판한다.

> 비록 위와 같이 투표관리관인이 뭉개져 날인된 투표지가 존재하였더라도 선거인들이나 참관인들이 이에 대하여 특별히 이의를 제기하지 않은 이상 <u>투표관리관이 이를 인지하지 못하거나 그 사실을 투표록에 기록하지 않은 것이 이례적이라고 보이지 않는다.</u> (판결문 p.32)

또 우리는 선관위 임시사무소의 인터넷망이 중앙선관위와 분리되었다는 것을 인정한 근거가 된 '현장검증'이 사실은 선관위의 일방적인 2시간짜리 피피티(PPT) 발표였으며, 판결문에 언급된 대부분의 디지털 검증이 이 피피티 발표였다는 것을 고발한다.

> 원고는 선거정보통신망이 깔린 임시사무소가 운영된 사실을 문제로 지적하기도 하나, 을제42호증, 제43호증의 각 기재, 2020. 12. 14.자 현장검증 결과에 의

또 우리는 법원과 선관위가 사전투표 결과 발표의 진위를 밝힐 수 있는 유일한 정보인 '통합선거인명부' 서버에 대한 감정을 끝내 거부했던 점, 그러다 소송 제기 후 1년 반이 지난 2021년 7월 8일 선관위가 USB에 담긴, 이름과 주소가 나오지 않아 실제 검증이 불가능한, 원본이 아닌 피디에프(PDF) 형식의 빈깡통의 명부를 제출했음에도 이를 충분한 자료제출로 인정한 판결문을 비판한다.

원고는 통합선거인명부와 선거인명부를 모두 열람한 이상 그 주장과 같이 이례적으로 고령인 선거인이 선거인명부에 등재되어 있는 것에서 더 나아가 실제 투표를 하였는지 여부까지 확인할 수 있었을 것인데, 이에 대하여는 아무런 주장과 증명도 없다. (판결문 p.41)

투표구명	통재번호	주소	세대주	성별	생년월일	성명	투표용지 수령인		비고
							(가)	(나)	
		[옥련1동제1투]							
옥련1동제1투				남	1970				
옥련1동제1투				남	1996		사전투표자 2020.04.10. 연천읍		
옥련1동제1투				남	1951		사전투표자 2020.04.10. 옥련1동		
옥련1동제1투				남	1970				
옥련1동제1투				여	2000				
옥련1동제1투				여	1958				
옥련1동제1투				여	1976				
옥련1동제1투				여	1961				
옥련1동제1투				여	1954				
옥련1동제1투				여	1977		사전투표자 2020.04.10. 옥련1동		
옥련1동제1투				여	1950		사전투표자 2020.04.10. 옥련1동		

선관위가 제출한 통합선거인명부
주소와 성명이 삭제되어 있고, 복사나 검색이 불가능한 PDF 형식이었다.

또 우리는 투표용지 감정의 과정과 결과에 대해 판결문의 서술이 보여주는 충격적인 왜곡과 편파성을 고발한다.

> 그러나 검증기일에서 원고가 비정상 투표지라고 골라낸 투표지에 대한 감정 결과 정상 투표용지에 기표된 것으로 확인되었다. (판결문 p.7)

820여 일에 걸친 법적 투쟁에서 대법원이 선거정의를 지켜야 한다는 원칙과 기준에서 얼마나 멀리 떨어져 있었는지, 선관위와 대법원이 어떻게 증거조사와 입증을 방해했는지, 2021년 6월 28일 재검표에서 드러난 부정선거의 물증들을 판결문이 어떻게 왜곡했는지를 드러내는 것이 이 책의 내용이다.

맨손의 변호사와 시민들의 처절한 투쟁, 그리고 그 열매

2020년 4월 16일 아침, 밤 사이 뒤집힌 선거결과에 대한 충격과 그 이후 820여일 간의 변호사와 시민들의 처절한 투쟁에 대해, 2022년 7월 28일 대법원은 기각 판결을 내렸다. 대법관 중 단 한 사람이라도 이의를 제기하여 전원합의체에서 다시 심사하기를 간절히 바랐으나 820여 일의 분투는 차가운 대법원의 철문 앞에서 산산이, 무참히 내동댕이쳐졌다.

그러나 우리 변호사들은 우리 대한민국의 사법체계와 선거정의가 언젠가 바로 잡힐 것을 믿고 그날을 앞당기기 위해 <연수을 판결문 비판>의 기록을 남기기로 하였다. 원래 선고 후 바로 글을 준비했으나 완성된 형태로 발전시켜 출판할 수 없었던 많은 사정들이 있었다. 그리고 이제

2024년 12월 3일 계엄과 다시 맞은 탄핵 난동 앞에서 선거정의를 바로 세우기로 결심한 대한민국 대통령을 지지하며 다시 힘을 모아 책을 만든다.

우리는 대한민국의 선거정의를 바로잡기 위해 너무나 큰 희생을 감당하신 본 소송의 원고 민경욱 전 의원과, 아무 이름 남김을 바라지 않고 온갖 지탄과 야유 속에서도 긴 세월 꿋꿋이 선거정의를 바로 잡음으로써 나라를 지키기 위해 희생을 아끼지 않으신 모든 분들께 이 책을 바친다. 이 책이 나라를 사랑하는 국민들에게 널리 알려져 도둑질 당하고 있는 대한민국의 선거와 대한민국을 살리는 데 도움이 되기를 간절히 바란다.

Stop the steal!

2025년 1월
21대 총선 인천 연수을 선거무효소송 대리인
변호사 도태우 · 박주현 · 윤용진 · 현성삼

목차

2. 위법한 증거조사와 입증방해

3. 부정선거의 물증들

대법원의 부정선거 은폐 기록
Summary

대법원의 부정선거 은폐 기록 Summary

일장기투표지

 인천 연수을 송도2동 제6투표소 당일투표 중 반을 넘는 천여 장의 투표지에 투표관리관인이 뭉개져 있었다. 투표관리관과 투표사무원이 그렇게 인영(印影)이 뭉개진 것을 본 적도 들은 적도 없다고 증언했음에도, 판결문은 선관위의 말만으로 투표사무원이 하루 종일 2장에 1장 꼴로 만년도장을 스탬프에 다시 찍어 생긴 표로 보았다. 처음 분류된 천여 장의 인영이 뭉개진 투표지 중에 한 글자도 육안으로 읽을 수 없는 294표만이 무효표로 처리되었다.

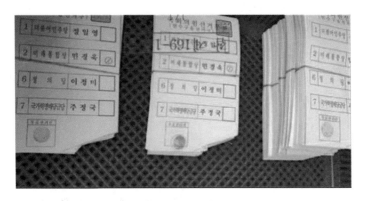

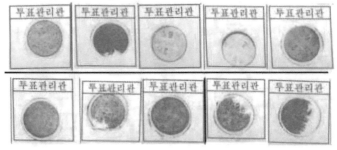

지역구사전투표지 하단에 비례대표투표지의 상단이 비틀려 인쇄되어 나타났다. 사전투표 출력에 쓰인 엡손프린터는 초당 6cm가 출력되기 때문에, 선관위의 거짓 시연처럼 지역구투표지를 2mm의 배출구 안으로 다시 밀어 넣는다 해도 지역구투표지 하단에 비례대표투표지의 상단이 인쇄될 수 없다. 지역구투표지를 받아 밀어 넣는 동안 이미 비례대표투표지에 상단 부분이 인쇄되기 때문이다. 그럼에도 판결문은 선관위에서 주장하는 내용을 그대로 인용했다.

![투표지 이미지]

연수을 재검표 현장에서 시작하여 6회의 모든 재검표 현장에는 신권다발처럼 빳빳한 투표지 묶음들이 엄청난 숫자로 출현했다. 투표인이 기표하여 접어 넣고, 투표함에서 뒤섞이며, 개표과정에서 다시 뒤섞이고 분류되어 보관된 투표지들이라고 볼 수 없는 형태이다. 선관위는 원상복원 기능이 있는 특수재질의 용지를 사용했다는 거짓 궤변을 내놓았고, 대법원은 '접힌 자국이 없는 투표지'로 문제를 바꾸어 놓은 뒤 '투표지를 접지 않는 투표인들이 많을 수 있다'고 일축했다.

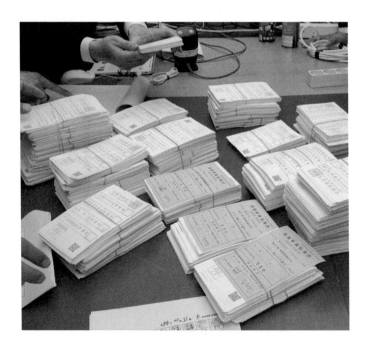

본드풀이 떡칠 되어 있는 투표지

연수을 재검표 현장에서 투표지들이 일체로 붙어있어서 똑! 소리를 내며 떨어지거나 투표지 두 장 사이에 본드풀이 떡칠된 투표지들이 나왔다. 판결문은 서로 붙어 있는 투표지들이 '정전기에 의하여 서로 붙어 있'거나 관외사전투표의 '회송용 봉투의 접착제가 묻'은 현상으로 볼 수 있다고 썼다. 하지만 아래 사진처럼 완전히 본드풀이 떡칠된 투표지와 똑 소리를 내며 떨어지는 투표지처럼, 설명이 곤란한 문제에 대해서는 그 존재조차 언급하지 않았다.

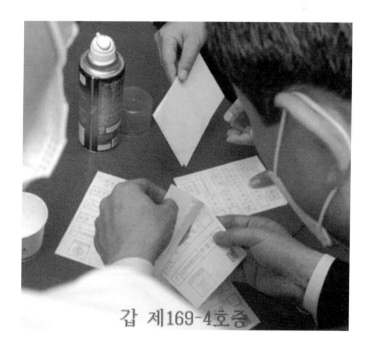

갑 제169-4호증

사전투표지 QR코드에 있는 일련번호와 통합선거인명부의 기록을 맞추면 투표인별 기표를 알 수 있어 '비밀선거의 원칙'이 깨진다는 원고측 주장에 대해, 대법원은 선관위의 2시간 짜리 파워포인트(PPT) 발표 내용에 근거하여 투표기록이 '분 단위로' 기록되므로 투표인 특정이 불가능하다고 판결했다. 하지만, 선관위가 제출한 <통합선거인명부 매뉴얼>에는 투표기록이 초 단위로 기록된다는 것이 분명히 표현되어있다. 아래 사진은 2020. 12. 14. 과천 중앙선거관리위원회에서 진행되었던 <사전투표 및 투표지분류기 운영>이라는 제목의 77쪽 파워포인트 자료중 27쪽에 제시된 타임스탬프이다. 이 발표는 판결문에서 '현장검증'이라는 위엄으로 다섯 번이나 제시되어 대부분의 디지털 검증에 대한 증거로 채택되었다.

	TABLE_NAME	TIMESTAMP
1	IVL_BALLOT_SEQ_SGG	2020/04/11 19:13:01
2	IVL_BI_CONFM_DATA	2020/04/11 19:13:01
3	IVL_BI_REISSUE_DATA	2020/04/11 18:39:04
4	IVL_CY_SG	2020/04/11 19:13:01
5	IVL_SGIMB	2020/04/11 21:45:25
6	IVL_SGIMB_DTL	2020/04/11 21:45:25

4.15 총선에서 임시선거사무소가 비밀리에 운영된 사실이 드러났다. 이 임시사무소의 인터넷망이 중앙선관위의 인터넷망과 연결되어 있다면 외부에서 전산조작이 가능하다는 것을 입증할 중요한 사건이었다. 판결문은 임시사무소의 망이 선관위와 분리되어 있다고 쓰고 있지만, 이 역시 '현장검증'의 탈을 쓴 선관위의 일방적인 피피티 발표만을 근거로 한 것이다. 2023년 10월 국정원은, 2020년부터 계속된 선거소송을 겪고 난 뒤에도 여전히 중앙선관위의 인터넷망이 외부와 분리되어 있지 않음을 밝혀냈다.

국정원 "선관위 내부 전산망, 해킹 공격에 취약"

입력 2023.10.06 17:22   수정 2023.10.06 17:27

5월부터 보안점검...외부 인터넷과 망분리 안돼

사진=연합뉴스

원고측은 범죄자가 사전선거인 수를 부풀렸을 것이라 추정했기 때문에 소송 초기부터 <통합선거인명부>와 서버의 감정을 요청했다. 대법원은 서버 감정은 끝내 불허했고, <통합선거인명부>라며 피디에프(PDF) 파일 하나를 원고측에 전달했다. 하지만 선관위가 제출한 14,719 페이지에서 끝나는 명부는 투표자를 특정할 수 없도록 이름과 주소가 삭제되어 있었고, 검색과 복사조차 금지된 것이었다. 판결문은 원고가 선거인명부를 받았으니 "실제 투표를 하였는지 여부까지 확인할 수 있었을 것인데, 이에 대하여는 아무런 주장과 증명도 없다"(p.41)고 쓰고 있으나, 이런 빈깡통 명부로 무엇을 확인할 수 있다는 말인가?

투표구명	통재번호	주소	세대주	성별	생년월일	성명	투표용지 수령인		비고
							(가)	(나)	
		[옥련1동제1투]							
옥련1동제1투				남	1970				
옥련1동제1투				남	1996		사전투표자 2020.04.10. 인천동		
옥련1동제1투				남	1951		사전투표자 2020.04.10. 옥련1동		
옥련1동제1투				남	1970				
옥련1동제1투				여	2000				
옥련1동제1투				여	1958				
옥련1동제1투				여	1976				
옥련1동제1투				여	1981				
옥련1동제1투				여	1954				
옥련1동제1투				여	1977		사전투표자 2020.04.10. 옥련1동		
옥련1동제1투				여	1950		사전투표자 2020.04.10. 옥련1동		

투표지 감정에 라벨도 없는 롤용지를 포함한 39개 롤용지 사용

　처음 투표용지 감정을 결정할 때는 재검표 후 선별된 이상 투표지 122장과 연수을 선관위에서 보관 중이던 롤용지로 비교대상 투표지를 100장 만들어 비교하기로 했다. 그런데 선관위는 검증기일 직전에 전국의 사전투표소에서 37종의 롤용지를 가져와 비교대상 투표지에 포함시켜달라고 했다. 이 37종 롤용지에는 2018년 지방선거에서 쓰인 것이 무려 12종이나 포함되었고 심지어 제조사 라벨이 없어서 생산자를 알 수 없는 롤용지까지 있었다. 원고측의 격렬한 반대에도 천대엽 대법관은 선관위의 어처구니없는 이 요청을 즉각 수용했다. 감정결과 이상 투표지 122장 중 당일 투표지 전량(일장기투표지 10매, 빳빳한 투표지 10매)의 백색도 · 백감도가 기준범위를 벗어났고, 백색도 · 백감도 표준편차 면에서도 법정생성물인 비교투표지의 표준편차와 큰 차이가 있었다. 하지만 판결문은 '법정 생성물의 범위를 벗어난 경우에도 그 차이가 크지 않아 뚜렷하게 다른 용지라고 판단할 수 없다(p.26)'고 적었다.

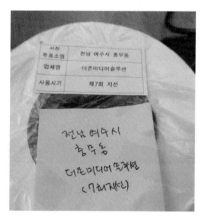

원고측은 전국의 관외사전투표 등기번호와 우체국 배송기록에 관한 전산정보를 대조하여 40% 이상의 배송 내역에서 천태만상의 이상성을 발견했다. 관외사전투표가 우정청에 접수 - 발송 - 배달준비 - 도착에 이르는 과정에서 단계가 생략되거나 과정이 뒤바뀌거나 반복되거나 배송 시간이 비상식적인 경우, 수령인의 이름이 새 · 개 · 히 · 깨 등 한국 성씨가 아닌 경우 등이 발견된 것이다. 이에 원고측은 법원을 통해 우정청에 사실조회신청서를 냈으나 법원의 반복된 회신 독촉에도 우정청은 결국 아무 자료도 제출하지 않았고, 판결문은 '범죄자가 배송정보를 비정상적으로 입력할 필요가 없다'는 해괴한 근거로 해당 문제를 덮었다.

판결문은 사전투표 관리규정을 상세히 기술하며 원고측 정당 관계자를 비롯한 수많은 관계자의 참관을 통해 투표를 엄격히 관리한다고 썼다. 하지만 2022년 3월 대선에서 경기도 부천시선관위 사무국장의 방의 CCTV가 종이로 가려진 채 관외사전투표 5만 장이 발견되었고, CCTV가 없는 제주시선관위 사무국장의 방에서도 관외사전투표함이 발견되었다.

선관위, CCTV 가렸거나 없는 사무실에 관외 사전투표용지-투표함 보관해 논란

동아일보   업데이트 2022-03-08 03:41 ∨

野 "관리 허술, 재발방지 필요"... 부천-제주 선관위 "문제없다"

7일 경기 부천시선관위 사무국장 사무실에는 폐쇄회로(CC)TV가 있었지만 종이로 가려진 상태(왼쪽 위 사진)였다. 사무실에 보관 중인 관외 사전투표 우편물(왼쪽 아래 사진). 같은 날 제주도선관위에서도 제주시 우도면 사전투표함이 CCTV가 없는 사무국장 사무실에 보관돼 있었다. 국민의힘 부천갑 당협위원회·제주도당 제공

선거관리위원회가 경기 부천과 제주에서 각각 관외 사전투표용지와 사전투표함을 사무국장 사무실에 보관했던 사실이 드러나 논란이 일고 있다. 사무실에는 출입을 감시할 폐쇄회로(CC)TV가 종이로 가려지거나 아예 없었다.

선거법은 1991년부터, 불법으로 당선된 국회의원이 빨리 법의 심판을 받을 수 있도록 소 제기 후 180일 내에 대법원 단심제로 판결을 내리게 하고 있다. 하지만 2020년 5월경 제기된 120여 건의 선거소송은 180일 동안 한 발짝도 진행되지 않았다. 연수을은 소 제기 후 1년이 넘은 2021년 6월, 서울 영등포을은 같은 해 8월 재검표가 실시되었다. 영등포을 증거보전 현장에서 원고 박용찬 후보는 투표함 보관실의 문고리 봉인이 1년 전 촬영한 봉인과 현저히 다른 것을 발견했다. 부정선거 범죄자에게 1년이나 범죄 은폐의 시간을 벌어 준 대법원을 규탄한다.

기준 없는 판결

1. 기준 없는 판결

가. 정상 선거에 대한 규정조차 없는 선거소송 판결

부정선거 문제를 다루는 판결문에 정상 선거가 어떤 것인지 전혀 기재되어 있지 않다. 한 마디로 기준이 없는 판결이다. 헌법 제41조에 보통·평등·직접·비밀 선거의 원칙이 규정되어 있고 공직선거법상 선거의 공정성, 국제법상 투표지와 투표함 이동의 무결성 원칙이 다 규정되어 있다. 이 원칙이 무너질 때 부정선거라는 판단이 이루어져야 한다.

정상 선거가 무엇인지 기술되면, 그에 위반되는 것이 부정선거로 규정될 텐데, 마치 이를 두려워하는 듯 정상 선거가 무엇인지 판결문은 쓰고 있지 않다. 계약의 무효를 다투는데 정상적인 계약의 모습과 규정에 대해서는 말하지 않는 것과 마찬가지이다.

극단적으로 뒤틀린 상황을 제시하고 이렇게 될 때 계약이 무효가 된다고

하면서, 그렇게 극단적으로 뒤틀리지 않은 계약은 비록 비정상적이고 위법한 부분이 있더라도 유효하다고 덮어주는 셈이다. 이래서는 정상적인 계약질서가 제대로 세워질 리 없다.

> 선거무효사유가 되는 '선거에 관한 규정에 위반된 사실'은, 기본적으로 선거관리의 주체인 선거관리위원회가 선거사무의 관리집행에 관한 규정에 위반한 경우와 후보자 등 제3자에 의한 선거과정상의 위법행위에 대하여 적절한 시정조치를 취함이 없이 묵인·방치하는 등 그 책임으로 돌릴 만한 선거사무의 관리집행상 하자가 있는 경우를 말하지만, 그 밖에도 후보자 등 제3자에 의한 선거과정상의 위법행위로 인하여 선거인들이 자유로운 판단에 의하여 투표를 할 수 없게 됨으로써 선거의 기본이념인 선거의 자유와 공정이 현저히 저해되었다고 인정되는 경우를 포함한다. '선거의 결과에 영향을 미쳤다고 인정하는 때'는 선거에 관한 규정의 위반이 없었더라면 선거의 결과, 즉 후보자의 당락에 관하여 현실로 있었던 것과 다른 결과가 발생하였을지도 모른다고 인정되는 때를 말한다. (판결문 p.3)

나. 원고패소 결론을 정해 둔 선거재판

선거소송의 증거는 피고인 선관위가 모두 갖고 있다(증거의 편재偏在). 이렇게 소송을 결정할 정보가 구조적으로 한편에만 있는 사안에 대해서는 '입증책임', 즉 주장을 증거로 증명할 책임을 피고인 선관위 측에서도 져야 한다는 것이 변호인단의 주장이었다.

이런 주장은 수질오염으로 인한 공해소송에서 원고측인 피해 당사자

(김양식장)가 폐수를 배출한 피고 공장의 내부정보를 알 수 없다는 사정을 인정하여, 증명책임의 일부를 피고 공장 측에 부여한 판례를 근거로 한 것이었다(대법원 1984. 6. 12. 선고 81다558 판결).

그러나 대법원은 판결문 4페이지에서 시작하여 총 여섯 번이나 증명책임은 원고측에 있다고 강변했다. 수사권이나 정보 강제권이 없는 원고가 정보를 철저히 숨기는 선관위를 상대로 모든 증거를 명명백백하게 밝히라는 것은 선거소송을 하지 말라는 말과 같다. 선거소송의 결과는 원고패소라는 결론이 정해진 것이다.

> 선거에 관한 규정에 위반된 사실이 인정되려면, 행위자뿐만 아니라 위반된 사실이 일어난 일시, 장소, 행위의 실행 방법 등에 관한 구체적 주장과 함께 이를 뒷받침하는 증거가 제출되어야 한다. (판결문 p.6)

> 결국 선거무효사유에 관한 증명책임이 있는 원고가 이 사건 선거에서 위조 투표지의 투입·전산조작 등의 중대한 범죄행위가 대규모로 있었다고 주장하면서도, 그 행위 주체의 존부 및 방법을 구체적으로 증명하지 못한 채 외견상 정상적이지 않은 듯한 투표지가 일부 보인다는 등의 의혹 제기만으로 증명책임을 다한 것으로 볼 수는 없다. (판결문 p.8)

판결문은 '비정상 투표지'가 아니라 "외견상 정상적이지 않은 듯한 투표지"라고 한다. 사실 외견상으로는 이미 비정상적인 것이 분명한 투표지들이 다수 나타났고, 이것이 실제로 비정상 투표지인지를 따져야 하는데, 판결문은 "외견상 정상적이지 않은 듯한"이라 하여, 외견상은 이상해 보이지만 '엄밀히 보면 정상적인'이라는 뜻을 비치고 있다. 이미 편견을 담고 있는 말이 아닐 수 없다.

판결문은 "일부 보인다"고 표현한다. 일장기 투표지의 경우 해당 투표소의 본투표 당일 하루 동안 나온 1,974매 투표지 중 1,000장 이상이 외견상 명백히 비정상인 투표지였다. 이것이 "일부 보인다"의 수준인가?

"의혹 제기만으로"라고 쓰고 있다. 비정상 투표지가 나온 것은 실체적 사실이며 의혹 제기가 아니었다.

외관상 명백히 비정상적인 이 투표지들의 출현 경위에 대해 피고 선관위는 전혀 해명하지 못했다. 선관위는 이 투표지들을 현장에서 듣거나 보지 못했다는, 원고의 주장을 뒷받침하는 투표관리관의 법정 증언에 대해, 이를 반박하는 진술서 한장 제출하지 못했다. 그럼에도 대법원은 만년도장을 적색 스탬프에 다시 찍어서 일장기투표지가 나왔다는 선관위의 주장을 그대로 받아들였다. 전체 투표자의 반이나 되는 수의 사람들이 정말 투표관리관 도장이 뭉그러진 일장기 투표지에 투표했을까에 대한 검증은 이루어지지 않았다.

재판부는 정해 둔 결론에 맞추어 판결문의 여기에서는 이 사건이 '선거를 통해 구성된 국가기관의 지위'를 위협한다고 넓게 보았다가 저기에서는 '다른 지역구에서 드러난 사실은 이 사건과 무관하다'고 주장한다.

> 살피건대, 공직선거법 제222조에 규정된 선거소송은 선거의 적법성을 실현하기 위한 소송으로, 그 결과에 따라 선거를 통해 구성된 국가기관의 지위에 영향을 미칠 수 있다는 점에서 선거무효사유의 심리와 판단은 신중히 이루어져야한다. (판결문 p.4)

> 원고가 사전투표소 등에 비하여 투표수가 과다하다고 주장하는 사례는, 이 사건 선거가 아닌 <u>다른 지역구 또는 비례대표 국회의원 투표에 관한 것으로,</u> 이 사건 선거의 효력과 직접적인 관련이 없다. (판결문 p.19)

재판부는 왜 한 건의 지역구 소송인데, 전체 선거가 걸린 듯 "신중" 운운했는가? 원고에게 불리하게 배척하는 논리를 쓸 때 재판부는 다른 곳의 이상 현상은 고려하지 않는다며 한 건 지역에 국한시켰다가, 원고의 입증책임을 강조할 때는 선거무효소송의 영향이 크기에 신중해야 한다며 그들의 시야를 전국으로 확장시켰다.

재판부는 사실 정반대의 태도를 가졌어야 한다. 이상 현상에 대해서는 피고 선관위가 관리한 전국적인 투표 상황을 고려했어야 하고, 인용 시의 파급 효과에 대해서는 일단 한 지역구의 재선거가 결정될 뿐이니만큼 지나치게 위축되거나 파급 영향을 지레 과대하게 염려할 필요가 없었다.

재판부는 정상 선거를 지키고 발전시켜 나가려는 자세가 아니라, 어떻게든 선거무효소송을 무마하기 위해 변명하며 피고 측 변호에 급급해하는 판결문을 쓰고 말았다.

다. 법원과 선관위를 한편이 되게 한 위헌적인 선거소송구조와 선거법규

선거소송의 피고는 선거관리위원회 위원장을 맡은 부장판사이다. 따라서 선관위와 법원은 한편이다. 대법관들은 부장판사직을 거쳐 대법관이 되고, 따라서 모든 대법관들은 구조적으로 동료 부장판사를 보호할

의도를 갖기 마련이다. 선관위와 법원의 인적 구성을 겹치게 한 규정은 선거정의를 지키는데 치명적 걸림돌이 되므로 그 위헌성이 검토되어야 한다.

본 선거소송의 판결에는 한 사람의 이견도 없었기에 전원합의체에도 회부되지 못했다. 이렇게 대법원은 8년 전 탄핵심판 때 헌법재판소가 보였던 문제점을 고스란히 반복했다. 헌법재판소의 탄핵심판은 극도로 신속하게 이루어졌고, 대법원의 선거무효소송은 극도로 지연되었다. 두 재판의 소송 진행 속도는 이렇게 달랐지만, 힘 있는 쪽의 권력 논리에 충실했다는 면에서는 완전히 일치했다.

피고 측 소송수행자는 피고 선관위 소속 공무원들이었고, 소송대리인은 원래 재판장 조재연이 대법관이 되기 직전 대표변호사로 근무했던 법무법인 대륙아주였다가 비난 여론이 일자 교체되었다.

> 피　　고　　인천 연수구 선거관리위원회 위원장
> 　　　　　소송수행자　정영예, 강준섭, 이병철, 장병호, 김현준, 최동균,
> 　　　　　　　　　　　조영진, 구원우, 이웅용, 여민혜, 류현정, 주민선,
> 　　　　　　　　　　　이재홍, 봉주형, 최희영
> 　　　　　소송대리인　법무법인 시원
> 　　　　　담당변호사　최길림, 권현정, 최희원
> 　　　　　(판결문 p.1)

대법원이 선관위와 한편처럼 소송에 임했다는 것은 판결문 전체에 걸쳐 쓰여 있다. 판결문 전반에 걸쳐 대법원은 "변론 전체의 취지를 종합하면"이라는 표현을 14번 쓰고 있는데, 이 표현은 보통 판결문에서 딱히 적합한

증거자료는 없지만 판사의 재량이나 감으로 판단할 때 쓰인다. 엄밀히 말해 '변론 전체의 취지'란, 증거조사의 결과를 제외한 변론의 과정에 현출된 모든 상황과 소송자료를 말한다. 구체적으로는, 당사자의 주장내용, 태도, 주장 및 입증의 시기, 당사자 사이의 인간관계, 그 밖의 변론과정에서 얻은 인상 등 변론에서 나타난 일체의 사항을 말하는 것이다. 따라서, 변론 전체의 취지를 종합하여 판단했다는 말은 판사의 판단을 밑받침하는 뚜렷한 증거가 아닌, 전체적 상황을 고려하여 판단했다는 말이다.

판결문은 선관위의 주장을 인정하면서 11번이나 위 표현을 사용했다. 순서대로 살펴보자. ① 선관위가 제시한 통합선거인명부 운영설명서 안의 타임스탬프(TIMESTAMP)의 명백한 기재 사실과 달리 사전투표용지 발급이력이 분 단위까지만 기록된다는 선관위의 주장을 인용할 때(p.16), ② 투표지 이미지 파일은 위원장 날인 후 봉함·봉인되므로 투표의 비밀이 침해될 리 없다고 판단할 때(p.16), ③ 총 39종의 사전투표용 롤용지를 투표지 감정에 사용함이 정당하다고 주장할 때(p.25) 대법원은 "변론 전체의 취지를 종합하여" 판단하였다.

그리고 이상 투표지들에 관해서 ④ 정전기나 회송용 봉투의 접착제가 묻어서 지그재그로 연결된 투표지들과 본드가 붙은 표들이 나왔다고 볼 때(p.27), ⑤ 좌·우 여백이 다른 투표지는 투표사무원의 프린터기 사용실수로 출현한 것이며(p.28), ⑥ 배춧잎투표지는 지역구투표지와 비례대표투표지가 연속해서 출력될 때, 먼저 나온 지역구투표지를 밀어 넣어 겹쳐진 것이라는 선관위의 주장을 받아들일 때(p.28), ⑦ 빳빳한 투표지는 선거인이 접지 않고 투표했기 때문일 것이라고 설명할 때(p.30) "변론 전체의 취지를 종합하여"라는 표현이 반복된다.

또, 전산장비 및 전산자료에 관한 내용으로 ⑧ 투표지 분류기는 투표지를 육안으로 확인할 수 있는 정도로 작동하며 보조적으로 사용된다고 보고(p.33), ⑨ 투표지 분류기에 연결된 노트북에 통신기능 없음을 인정하며(p.36), ⑩ 통합명부시스템 등 디지털 선거장치에 대해 보안자문위원회가 개최되었다는 것을 인정할 때(p.40), 그리고 ⑪ 선거 이미지 파일 등 전산자료는 봉인되어 보관되므로 원고의 감정신청은 채택하지 않았다고 할 때(p.41) "변론 전체의 취지를 종합하여"라는 표현을 썼다.

판결문은 단 한번도 원고측의 주장과 관련하여 변론 전체의 취지를 종합하여 판단하지 않았다. 판결문에는 원고측이 제출한 444건의 증거가 단 7회 인용됐고, 그것도 완전한 사실로 인정할 수밖에 없는 코로나19 확진판정자를 위한 특별사전투표소의 설치나 부천시 신중동의 관내사전투표자수, 연수을 개표시의 투표지 분류기 촬영 금지 방송과 같은 내용 외에는 모두 배척하였다.

반면, 피고 선관위에 대해서는 선관위의 대리인이라도 되는 듯 "변론 전체의 취지를 종합"해서 뚜렷한 물증이 없어도 그럴법하다고 인정해 주었다. 피고는 총 105건의 증거를 제출했고, 판결문은 12회 피고의 증거를 인용했는데, 판결문이 증거를 받아들여 인정한 내용들은 선관위의 피피티 발표를 본 것만으로 임시사무소와 중앙선관위의 망이 분리되어 있다고 판단하는 것 같은 내용들이 포함되어 있다.

라. 원고의 선거정의에 대한 주장을 왜곡한 판결문 구조

판결문은 원고가 선관위의 발표 숫자가 진정한 것인지, 그리고 재검표 현장에 나타난 투표지가 진정한 것인지에 의문을 제기하고 있다는 큰 틀을 완전히 무시하였다. 다시 말해 원고가 "(432와 같은) 숫자의 진정성이 의심된다", 재검표에서 드러난 "(4 3 2 와 같은) 일그러진 투표지의 진정성이 의심된다"고 말하고 있는데, 피고 선관위와 대법관은 "432=4 3 2"라는 형식적인 숫자 일치만을 강조하며, "봐라, 숫자가 같지 않느냐?"라고 말하는 식이다.

대법원은 선관위가 발표한 투표수와 재검표 현장에서 나온 투표지의 숫자가 형식적으로는 일치하지만, 왜 그 진정성이 의심받을 만한지에 대한 원고의 합리적인 의혹 제기를 마치 근거 없이 확정적이고 단정적인 주장을 하는 것으로 취급하였다. 그나마도 원고가 추정하는 틀을 비틀어 서술하고는 이를 반박하는 형식을 취했다.

원고는 발견된 이상투표지들이 대체로 증거보전이나 재검표 검증에 대비하여 투표소별로 발표된 수치와 실제 투표수의 불규칙한 차이를 한꺼번에 해결하기 위해 통째로 위조투표지를 만들어 긴급히 대비하는 과정에서 빚어진 에러(실수, 혼돈, 대안 없음)일 것으로 추측했다. 그런데 재판부는 이에 대하여 원고가 개표 이전에 이런 이상 투표지들이 이미 투입되었다고 확정적으로 주장한 것처럼 왜곡하며 그렇게 확실하다면 누가, 언제, 어디서, 무엇을, 어떻게 했다는 것인지 밝히라고 요구했다.

원고가 부정선거 범죄의 실행을 ① 개표 전, ② 개표 중, ③ 개표 후 세 단계로 구분하여 추측해 설명하자, 판결문은 원고가 단계마다 각각 부정선거 증거를 나누어 대응시킨 것으로 마음대로 왜곡하여 서술하였다.

일례로 원고는 개표 전에 부정선거 범죄자가 과거의 투표 이력, 여론조사 데이터 등 각종 빅데이터 자료를 활용해서 100세 이상의 유권자 등 투표를 하지 않을 것이 확실시되는 유권자를 선정한 후, 이들을 허수의 사전투표자로 부풀려서 유령투표지를 투입할 기초를 확보하였을 것으로 추정하였다. 그러나 판결문은 원고측이 소송 중에 선관위가 제출한 고철덩어리, 빈깡통 같은 선거인명부에서 100세 이상의 고령자를 발견하여 선거관리의 미흡함을 지적한 것으로 둔갑시켜 놓았다.

> 원고는 위 통합선거인명부 또는 선거인명부에서 100세 이상의 고령자 등 주민등록명부와 일치하지 않는 등 <u>선거인명부가 진실하지 않다는 사정을 발견하였다고 주장한다.</u> (판결문 p.41)

서버 등 디지털(온라인) 영역의 증거조사는 애초에 이루어지지 않았다. 앞서 말했듯이 판결문에서 다섯 차례나 자랑스럽게 거론한 '2020. 12. 14.자 현장검증'은 선관위의 발표를 두 시간 동안 비공개로 듣는 것이었다. 검증에 참가했던 원고측 변호사들과 전문가들은 그 두 시간이 법원과 선관위가 주장하는 '현장검증'의 전부일 거라고는 차마 생각할 수 없었다. 하지만, 두 시간의 발표가 정말로 '현장검증'의 전부였고, 판결문은 그 두 시간의 선관위 발표를 '현장검증'이라고 다섯 번이나 판결문에 쓰고 있으며 디지털 조작 의혹에 대한 대법원의 부정적인 판단 거의 모두는 선관위의 2시간짜리 피피티(PPT) 발표에 근거하고 있다.

> 원고는 선거정보통신망이 깔린 임시사무소가 운영된 사실을 문제로 지적하기도 하나, 을제42호증, 제43호증의 각 기재, <u>2020. 12. 14.자 현장검증 결과에 의하면</u> 사전투표시 통합선거인명부 조회를 위하여 사용되는 '선거전용통신망'은 (판결문 p.13)

QR코드에 인쇄된 일련번호도 QR코드 리더기 등을 사용하여야 정보를 알 수 있고, 육안으로는 일련번호를 식별할 수 없다. 2020. 12. 14.자 현장검증 결과에 변론 전체의 취지를 종합하여 보아도 (판결문 p.15)

2020. 12. 14.자 현장검증 결과에 변론 전체의 취지를 종합하면, 중앙선거관리위원회는 선거인의 사전투표용지 발급이력을 분 단위까지만 기록하여 저장하고 있는 사실이 인정될 뿐 (판결문 p.15)

2020. 12. 14.자 현장검증 결과에 변론 전체의 취지를 종합하면, 중앙선거관리위원회는 정당과 학계, 정보기술 관련 공공기관 등에서 추천한 10명의 전문가로 구성된 보안자문위원회의를 개최하여 (판결문 p.40)

2020. 12. 14.자 현장검증 결과에 변론 전체의 취지를 종합하면, 중앙선거관리위원회는 이 사건 선거와 관련된 기록을 통합스토리지 장비에 저장하는 한편 (판결문 p.41)

이 사건에서 서버와 같은 디지털(온라인) 영역의 증거조사는 전무했으며, 재검표와 같은 오프라인 영역의 증거조사마저 대상(객체, 물건)의 동일성, 원본성, 진정성이 확인되지 않았다. 결국, 이 책의 2부 <위법한 증거조사와 입증방해>에서 자세히 설명하듯이, 이 사건의 증거조사는 전혀 되지 않은 것과 마찬가지이다.

마. 온라인과 오프라인 작업이 병행되는 디지털 부정선거의 틀을 이해하지 못하거나 고의로 배척함

부정선거에 대규모의 인력과 조직, 막대한 재원이 필요하다는 법원의 주장은 착오이다. 조직이나 시스템의 최상층(디지털 시스템에서 관리자/마스터 지위)이 오염될 경우 선거를 관리하는 거대한 하부 조직(운영체제 및 실행체계)은 충실한 도구의 역할을 수행할 뿐이다. 법원은 디지털적 시스템의 특징과 본질을 모르거나 모르는 척하는 것이다.

> 원고의 주장처럼 투표 단계에서 위조된 사전투표지를 투입하기 위해서는, 사전투표지의 위조를 위한 용지 구입, 인쇄, 날인 작업이 선행되어야 하고, 실시간으로 발표되는 사전투표자의 수를 부풀리기 위한 중앙선거관리위원회 서버의 보안을 뚫고 침투하는 등의 전산 조작이 필요하다. 나아가 개표 단계에서 사전투표를 위한 통합선거인명부를 관리하고 개표 결과를 집계하는 서버의 내용도 조작하였어야 한다. 개표 후 증거 보전 전에 당일투표지와 일부 관내사전투표지를 다량 위조하여 진정한 투표지와 대체하였다면, 용지 구입, 인쇄, 날인 등 작업을 거쳐 만든 위조 투표지가 들어 있는 보관 상자와 진정한 투표지 보관상자를 개표일부터 증거보전일 사이에 바꿔치기 하였어야 한다.
>
> 그런데 이 사건 선거를 비롯한 모든 선거의 투·개표 절차 전반에 걸쳐 선거관리위원회 직원, 원고를 추천한 미래통합당을 비롯한 정당 추천의 선거관리위원 및 참관인, 공무원인 개표종사원 등 수많은 인원이 참여하였고, 이는 처음부터 예정된 공지의 사실이다. 이처럼 수많은 사람들의 감시 하에서 위와 같은 부

조작이 탄로 날 위험을 고려할 때, 미리 계산된 일정한 분량의 거짓 투표지가 개표 이전에 투입될 필요가 있고 이는 극히 유용하다. 미리 투입하는 분량이 있더라도 당일투표의 현장성에 따른 소폭 변동으로 인해 예정한 수치로 실물을 완벽히 일치시키기는 불가능하기에, 후보자에 의해 선거소송이 제기되어 증거보전과 재검표가 이루어지기로 결정된 지역구에 대해서는 위조투표지가 사후 투입될 필요가 있다.

판결문은 '전국적으로 253개의 선거구에 동시에 위조된 사전투표지를 투입한다는 것 자체가 통상적 이해의 범위를 넘어서는 것(p.7)'이라고 쓰고 있는데, 이는 원고가 주장한 적이 없는 내용이다. 이미 당락이 확실한 지역은 재검표의 가능성이 거의 없으므로 조작 투표지를 투입하는 것이 불필요하다.

가짜투표지 사전 투입 주장과 숫자 조작적인 디지털부정선거 주장은 양립할 수 없다고 판결문은 말한다. 디지털로 숫자를 조작할 거면 실물은 필요 없고 재검표를 하는 곳만 골라 사후 투입하면 된다는 것이다.

경우에 따라 소폭의 조작은 실물 사전 투입 없이 가능할 수도 있다. 그러나 사전투표 득표에서 실제보다 10% 내지 20% 가까이 올리려 할 경우 실물 사전 투입 없이 디지털 조작만으로 진행하는 것은 개표 진행 중에 탄로 날 우려가 크다. 실제로 2016년 20대 총선에서는 12.19%였던 사전투표율이 21대 총선에서는 26.69%로 크게 늘었다. 이렇게까지 급증한 사전투표율에 조작이 포함되었다면 육안으로도 그럴듯하게 보일 만큼 실물투표지의 증가가 있어야 했을 것이다.

따라서 경합이 예상되는 문제적인 지역구의 투표 중 특히 관외사전투표(우편투표)에서 가짜표의 투입이 많이 일어났을 것으로 추측되었다. 이렇게 디지털 숫자 조작 범행과 실물 투표지 투입 및 교체는 모순되지 않고 오히려 서로 보완적으로 필요하다.

　물론 수사가 진행되지 않은 상황에서 맨손의 시민들이 부정선거 범죄의 전모를 밝히는 것에는 한계가 있다. 그러나 숫자 조작적인 디지털부정선거(주로 사전투표 및 개표 조작)와 함께, 재검표 과정에서 명백히 가짜 투표지들로 보이는 실물들이 이 책에 포함된 사진과 같이 다량 출현하게 된 맥락은 어느 정도 유력한 추측을 가능케 한다.

　실제로 일어났던 일은 아마도 다음과 같은 과정이었을 것이다.

　우선 전체적으로 숫자 조작적인 디지털부정선거(주로 사전투표자를 허수로 부풀리며 기획 발표하는 수치에 근접시키는 다수의 전산 조작)가 일부 조작된 투표지들(주로 관외사전투표)의 투입과 함께 진행되었을 것이다. 그 후, 전국 120곳 이상에서 선거무효소송이 제기되었다. 부정선거 범죄자들은 약 3주 안에 선거구 한 곳만도 대략 20만 장의 투표지가 있는 증거보전 절차에 황급히 대비해야 했다.

　이미 과거 투표이력과 빅데이터 자료를 통해 숫자를 맞추어 놓고 일부 조작된 투표지들을 투입했더라도, 당일투표에서 완벽히 통제할 수 없는 변수들이 존재하기에, 부정선거 범죄자들은 재검표를 무사히 통과할 만큼 투표지 실물과 발표된 수치를 1단위까지 정교하게 맞추어 놓았을 수는 없었다.

　부분적인 수정이 더욱 번거롭기에, 전체 투표지를 모두 새로 바꾸어 넣자면 전국 120곳 이상의 선거구에 대해 각 20만 장씩 잡을 때 약 2,400만 장 이상의 투표지가 마련되어야 한다. 이런 투표지 바꿔치기를 120곳 모두에서 실행하는 것은 물리적으로 불가능한 정도이므로 실제로는 연수을

처럼 가장 급하고 실물과의 차이가 큰 곳을 중심으로 실행되었을 것이다.

21대 총선에서 투표용지 길이가 48.1cm에 달했던 비례대표투표지에 대해서는 재검표에 대한 대비가 거의 불가능했을 것이다. 아마 이런 사유로 비례대표투표지에 대한 증거보전은 아주 힘겹게 시간을 끌며 진행되었고, 몇 군데에서 증거가 보전된 뒤에도 재판부의 비협조로 변론절차와 재검표가 전혀 진행되지 못했던 것으로 여겨진다.

연수을의 경우, 당초 4.15 선거 후 법원으로부터 받은 투표지 증거보전 처분결정문에는 지역구와 비례를 나누지 않았기 때문에 두가지 투표지 모두가 증거보전되어야 했다. 박주현 변호사가 담당판사와 함께 증거보전하러 가서 비례대표투표지까지 모두 보전하려 했으나, 연수을 선관위 직원이 강력하게 저항하면서 비례표는 대상이 아니라고 했다. 같이 갔던 판사가 결정문에 따라 비례표도 대상이라고 했지만 선관위 직원은 요지부동이었고 결국 지역구 표만 증거보전이 이루어졌던 것이다.

이후 유승수 변호사가 기독자유통일당의 위임을 받아 전국 10여 곳 지역구의 비례대표투표지들을 보전하여 선거무효소송에 들어갔다. 비례대표투표지가 보전된 뒤 1년이 넘은 2021년 9월 6일 대법원에서 첫 변론이 시작되었으나, 민유숙 대법관이 첫 기일에 나와 앞으로 더 이상 재판은 없다면서 퇴장해버렸다. 그리고 2023년 6월 15일 해당 비례소송은 모두 기각되었다.

전국 120곳 이상에 재검표가 신청된 초비상 사태에 황급하게 대비하는 과정에서 거친 실수가 발생할 수밖에 없었을 것이고, 이것이 대량의 빳빳한 투표지, 누가 보아도 이상한 울긋불긋한 이상 투표지들이 재검표장에 다수 출현하게 된 이유일 것이라고 원고와 대리인 변호사들은 추측한다.

결론적으로 가짜투표지 실물과 숫자 조작적인 디지털부정선거는 함께 나타날 수 있고, 2020년 4월 15일 부정선거의 경우 오히려 반드시 함께 나타날 수밖에 없었다는 것이 선거소송에 참여한 우리 변호사들의 믿음이다.

다) 위조 투표지 투입과 전산조작 주장의 양립가능성 문제

원고의 주장처럼 개표 단계에서 전산조작을 통하여 투표 결과를 조작할 수 있었다면 투표 단계에서 미리 위조된 사전투표지를 투입할 필요 없이 전산조작을 통하여 성명불상의 특정인이 예정한 투표 결과를 작출한 다음 검증이 예상되는 지역구에 한정하여 소송제기 후 증거보전 전에 조작된 투표 결과에 부합하도록 사전투표지 및 당일투표지를 위조하여 진정한 투표지와 교체하는 것만으로 충분하다. 그럼에도 투표 단계에서부터 전국에 걸쳐 위조된 사전투표지를 투입하기 위하여 불필요한 비용과 노력을 들이는 등 적발될지도 모를 위험을 이중으로 감수할 필요가 없었을 것이다. 전국적으로 253개의 선거구에 동시에 위조된 사전투표지를 투입한다는 것 자체가 통상적 이해의 범위를 넘어서는 것이기도 하다. 그러므로 투표 단계에서 사전투표지를 위조하여 투입하였다는 주장과 개표 단계에서 전산을 조작하였다는 주장은 좀처럼 양립하기 어려운 주장이라고 볼 수밖에 없다. (판결문 p.7)

바. QR코드 사용으로 인한 비밀선거원칙 위반을 외면함

1) 현재 선거제도의 비밀선거원칙 위반

원고측은 4.15 총선에서의 선거시스템이 두 가지 방식으로 사전선거에

서 비밀선거원칙을 정면으로 위반하고 있다는 점을 주장했다.

첫 번째 방식은, 중앙선관위의 통합선거인명부시스템 DB(데이터베이스)에 기록된 순서와 개표장에서 생성되는 사전투표지 이미지파일상의 QR코드 일련번호를 비교하여 비밀선거원칙을 위반하는 방식이다. 즉, 4.15 총선에서의 사전선거시스템은 각 선거구 별로 중앙선관위의 통합명부시스템 DB에 초 단위 또는 그 이하 단위로 투표에 참여한 선거인 정보가 기록되고 있는데, 그 발급시간 순서를 엑셀로 정리하여 일련번호를 부여하면 QR코드의 일련번호와 동일한 일련번호를 획득할 수 있다(선거인 정보 및 발급순서에 따른 일련번호 획득). 여기에 더해 중앙선관위는 개표장에서 발생하는 투표지 이미지파일을 보관하고 있는데, 이를 통하여 QR코드 일련번호와 투표지 이미지파일 상의 기표인 위치를 확인할 수 있다(QR코드 일련번호와 기표인 위치 획득). 이렇게 통합명부시스템 DB의 발급순서에 따른 일련번호와 사전투표지 이미지파일 상의 QR코드 일련번호는 서로 일치하므로 양자가 매칭되면 특정 선거인이 누구에게 투표했는지가 정확히 확인되는 것이다.

이러한 원고측 주장에 대하여, 피고 선관위측은 중앙선관위 통합명부시스템 DB에 초단위가 아니라 1분 단위로 기록되므로 일련번호로 연결될 수 없다고 주장하였다. 그러나 선관위측이 2020년 12월 14일 중앙선관위 과천청사 대회의실에서 피피티 발표를 하며 통합선거인명부 운영설명서를 제시한 바 있는데, 해당 운영설명서 14페이지에 나오는 통합명부시스템 DB의 타임스탬프(TIMESTAMP) 상에는 분명히 1초 단위까지 기록하고 있음을 확인할 수 있었다(다음 쪽 사전투표 및 투표지분류기 운영설명서 중 빨간 테두리 박스 참조).

	TABLE_NAME	TIMESTAMP
1	IVL_BALLOT_SEQ_SGG	2020/04/11 19:13:01
2	IVL_BI_CONFM_DATA	2020/04/11 19:13:01
3	IVL_BI_REISSUE_DATA	2020/04/11 18:39:04
4	IVL_CY_SG	2020/04/11 19:13:01
5	IVL_SGIMB	2020/04/11 21:45:25
6	IVL_SGIMB_DTL	2020/04/11 21:45:25

선관위가 검증기일에 제출한 통합선거인명부 운영설명서의 타임스탬프
빨간 박스에서 보이듯, 선관위 주장과 달리 1초 단위까지 기록하고 있었다.

두 번째 방식은, 전산시스템의 장애발생 시 원상복구를 위하여 사용하는 DBMS(Database Management System)의 정보와 QR코드 상의 일련번호(투표지 발급 일련번호)를 연결하는 방법이다. 중앙선관위는 물론이고 기업, 정부 기관 등에서는 전산시스템의 장애 발생 시(정전, 하드웨어 작동 오류, 운영자 실수 등)에 원상복구를 위하여 데이터를 이중으로 유지하거나 DBMS를 운영하고 있다. 중앙선관위의 경우는 기관 특성상 고가인 미국 오라클사의 DBMS를 사용하고 있다.

이 DBMS 영역의 데이터(로그파일)에는 모든 데이터 기록이 발생순으로 기록되어 저장되므로 그 로그파일의 데이터에 기록된 선거인 정보와 투표지 발급 일련번호를 연결하고, 중앙선관위가 보관하고 있는 사전투표지 이미지파일에서 QR코드 상의 일련번호(투표지 발급 일련번호)와 기표인 위치를 연결하면 어느 선거인이 누구에게 기표했는지를 정확히 확인할 수 있다는 것이다.

즉 데이터베이스가 생성한 장애복구용 로그파일 또는 데이터베이스가 기본 제공하는 로그파일 데이터 추출기능을 사용하면 데이터베이스

에 발생한 모든 데이터가 발생 순서대로 추출되고, 이 추출된 데이터에는 선거인 정보, 부여받은 일련번호가 발생한 순서대로 순차적으로 기록되며, 이 데이터를 정리하면 선거인정보와 일련번호가 연결된다. 이러한 방식을 통해 선거인정보와 일련번호가 연결되면, 선관위가 보관하고 있는 사전투표지 이미지파일의 QR코드 일련번호 및 기표위치와 비교하여 어느 선거인이 어느 후보자에게 투표했는지를 정확히 파악할 수 있는 것이다.

2) 비밀선거원칙 위반이라는 원고 주장에 대한 대법원의 판단 및 그에 대한 비판

대법원은 ① 중앙선관위 통합명부시스템 DB에 선거인의 투표기록이 초 단위로 기록된다는 원고측 주장에 대하여, 원고측이 피고로부터 받아 증거로 제시했던 '사전투표 및 투표지분류기 운영설명서'의 내용은 무시한 채, 이와 다른 피고 소송수행자의 '(중앙선관위 통합명부시스템 DB에) 분 단위로만 기록관리한다'는 설명과 선관위 직원의 PPT 발표가 전부였던 '현장검증 결과에 변론전체의 취지를 종합'하여 선거인의 사전투표용지 발급이력을 분 단위까지만 기록하여 저장하고 있다고 인정하였다. 대법원이 근거로 든 현장검증의 결과라는 것은 피고 소송수행자의 '분 단위로만 기록관리한다'는 위 설명이므로, 결국 아무런 근거 없이 피고측의 일방적 주장만으로 사실인정을 한 것이다.

또한 대법원은, ② 중앙선관위 DBMS의 사전투표지 발급 로그파일 기록 데이터를 추출하면 개별 선거인의 투표기록과 선거구별 최종일련번호가 발생 순서대로 추출된다는 원고측 주장에 대하여, '로그파일 형태로 데이터 변경 기록이 발생순으로 저장될 수 있다는 것일 뿐, 피고 또는 중앙선거관리위원회가 전국에서 사전투표를 한 선거인에 대한 투표용지 발급 이력을 따로 관리하고 있다는 것을 나타낸다고 보이지는 않는다'라고 하면서 또 다시 "현장검증 결과에 변론 전체의 취지를 종합(p.15)"하여 원고 주장을 배척하였고, ③ 투표지의 현물과 투표지 이미지를 저장한 저장매체는 중앙선거관리위원회 서버와는 별도로 구·시·군위원회에서 물리적으로 분리된 상태에서 보존된다는 피고 측의 일방적 주장을 받아들이면서 '서버에 저장된 로그파일의 데이터와 투표지 이미지 파일에 나타나는 투표 정보를 연결하는 것은 별도의 특별한 증명이 없는 이상 이론적으로 가능해 보이지 않는다'라고 설시하면서 원고 주장을 배척하였다.

이처럼 대법원은 비밀선거원칙 위반이라는 원고측 주장에 대하여, 별다른 근거 없이 피고 측의 일방적 주장을 근거로 배척하거나, 원고 측이 증명할 수 없는 부분을 거론하면서 증거부족을 이유로 배척한 것이다.

그러나 원고측이 제시한 증거에 따르면, 중앙선관위가 통합명부시스템 DB에 선거인의 투표기록을 초 단위로 기록한다는 점은 분명해 보이고, 피고 측의 일방적 주장과 달리 중앙선관위가 투표지 이미지파일을 별도의 하드디스크에 모아서 보관하고 있는 것을 보았다는 법조인의 증언을 변호인이 확보하기도 하였다. 따라서, ① 초 단위로 기록된 통합선거인명부시스템 DB의 선거인들의 개인정보 및 투표순서와 사전투표지 이미지파일 상의 QR코드 일련번호 및 기표인 위치가 매칭될 수 있음에 따라 비밀투표원칙이 위반된 것이며, ② 중앙선관위

DBMS의 로그파일에 기록된 선거인 정보와 일련번호, 사전투표지 이미지파일 상의 QR코드 일련번호 및 기표인 위치가 매칭될 수 있음에 따라 비밀투표원칙이 위반된 것이다.

이처럼 현재 사전선거시스템의 가장 큰 문제점은, 당일투표지처럼 투표지와 번호표가 분리되는 방식이 아니라, 사전투표지에 기표인과 QR일련번호(일련번호가 투표지와 분리되지 않는다는 점은 바코드인 경우에도 마찬가지이다)가 동시에 나타나는 상태에서 이미지파일로 추출되어 보관되고 있다는 점이다. 사전선거시스템이 이러한 방식을 취하는 이상, 사전투표지의 이미지파일이 DBMS의 로그파일과 결합될 수 있으므로 필연적으로 비밀선거원칙을 위반할 수밖에 없다. 중앙선관위가 마음만 먹으면 얼마든지 비밀선거원칙을 위반할 수 있는 시스템이라면 비밀선거원칙은 이미 위반된 것이다.

그러나 을제71호증, 제72호증의 각 기재 및 2020. 12. 14.자 현장검증결과에 변론 전체의 취지를 종합하면, 중앙선거관리위원회는 선거인의 사전투표용지 발급이력을 분 단위까지만 기록하여 저장하고 있는 사실이 인정될 뿐, 원고의 주장과 같이 사전투표 용지 발급이력이 초 단위까지 저장·관리되고 있다고 인정할 만한 증거가 없다. 원고는 중앙선거관리위원회 서버 로그파일을 확인하면 선거인에게 발급한 일련번호를 확인할 수 있다고도 주장하나, 그 주장에 의하더라도 중앙선거관리위원회 서버에 설치된 프로그램의 원상복구를 위하여 로그파일 형태로 데이터 변경 기록이 발생순으로 저장될 수 있다는 것일 뿐, 피고 또는 중앙선거관리위원회가 전국에서 사전투표를 한 선거인에 대한 투표용지 발급 이력을 따로 관리하고 있다는 것을 나타낸다고 보이지는 않고, 달리 이를 인정할 증거를 원고가 제출하지도 않았다.

더구나 을제24호증의 기재에 변론 전체의 취지를 종합하면, 구·시·군위원회 위원장은 개표가 완료되면 투표지뿐만 아니라 투표지 이미지 파일을 저장매체에 저장하여 위원장 인장을 날인한 후 봉함·봉인하여 보관하도록 하는 사실이 인정된다. 이처럼 투표지의 현물과 투표지 이미지를 저장한 저장매체는 중앙선거관리위원회 서버와는 별도로 구·시·군위원회에서 물리적으로 분리된 상태에서 보존되므로, 중앙선거관리위원회 서버에 저장된 로그파일의 데이터와 위와 같은 현물 투표지 또는 투표지 이미지 파일에 나타나는 투표 정보를 연결하는 것은 별도의 특별한 증명이 없는 이상 이론적으로 가능해 보이지 않고, 그밖에 QR코드 또는 투표지 발급이력 등을 통하여 투표의 비밀이 침해될 수 있다고 볼 만한 증거도 없다. 따라서 이 부분 원고의 주장은 받아들일 수 없다. (판결문 pp. 15, 16)

사. 사전투표용 롤용지의 수량이 관리되지 않았고, 봉인지와 봉인 테이프는 비잔류형인데도 수량관리가 되지 않았으며, 사전투표지 이동 과정에서의 무결성이 사후에 검증될 수 없었다는 지적을 묵살함

사전투표용 롤용지의 수량이 관리되고 있지 않았다. 원고측 변호사들은 재검표 현장에서 발견된 이상 투표지들의 재질과 사전투표소에 보관되어 있던 롤용지로 제작된 투표지들의 재질이 같은지를 전문가를 통해 검증받고자 했다.

법원은 검증절차를 정하는 과정에서 연수을 선관위 보관 잔여투표용지(롤용지)로 100장의 비교대상 투표지들을 인쇄하여 검증하기로 했으나,

피고 선관위는 그 다음 기일에서 사전투표지를 발급하는 사전투표소가 전국에 즐비하다고 주장하며 당해 선거용으로 공급된 롤용지가 아니라, 예전에 쓰다 남은 롤용지까지 포함하여 무려 37종의 롤용지를 정규발급 용지의 감정 기준으로 추가 채택해달라고 기습 주장했다. 몇 년 전에 치러진 선거에 쓰인 사전투표 롤용지가 아직도 남아있다는 것은 사전투표 용지에 대한 수량 파악과 관리가 전혀 되지 않는다는 것을 보여준다.

이런 어처구니없는 선관위의 행태에 대해 원고측 소송대리인들은 격렬하게 항의했으나, 주심 천대엽 대법관은 원고측 대리인들에게 "감정인이 적절히 감정할 테니 믿어봅시다."라고 말하며 이를 즉각 허용했다. 피고가 들고 온 37종 중 2종류의 롤용지에는 생산자 라벨조차 붙어 있지 않았다.

이런 종이들이 사전투표소로 사용된 전국 각지에 남아 있다면, 사전투표지발급기를 통해 위조투표지를 생성하는 것은 너무나 쉽다. 투표관리관 도장도 사람이 날인하는 것이 아니라 인쇄되도록 하고 있고, QR코드는 번호에 맞추어 생성하면 되기 때문이다.

판결문은 투표용지 발급기와 투표지들이 봉함·봉인되었다고 주장하지만 봉인에 사용된 봉인지와 봉인테이프는 붙였다 떼기를 아무리 반복해도 표시가 남지 않는 '비잔류형' 재질이며 수량을 관리하는 관리대장도 없기 때문에 무한정 부정 사용이 가능하다. 봉인이라 함은 아무도 개표 전까지는 뜯지 말도록 하는 절차인데, 봉인의 도구들이 뜯었다 새로 붙여도 아무 표시가 나지 않고, 그 수량이 사용 수량에 맞게 관리되고 있는지 살피는 사람이 없다면 봉인은 말뿐이며 투표지들은 봉인되지 않은 것이다.

Q7 ❓
투표함을 비잔류형 봉인지로 봉인하는 것은 위법하다는 게 사실인가요?

아닙니다.

원고는 사전투표함을 봉인할 때 비잔류형 특수봉인지를 사용했기 때문에 봉인의 연속성이 파괴될 수 있다고 주장하였습니다.

그러나 사전투표함은 사전투표소에서 최초 봉인 시 사전투표관리관 및 참관인이 각각 특수봉인지에 자필 서명·날인을 하며, 개표소에서도 투표함의 봉인상태를 검사하는 등 거듭 봉인의 연속성이 확인됩니다. 때문에 대법원도 단지 비잔류형 특수봉인지를 사용했다는 것만으로 위법하다거나 부정선거의 증거가 될 수 없다고 판단했습니다.

21대 총선에서 '비잔류형 봉인지 사용'을 인정한 선관위 홍보물
이해를 돕기 위해 붉은색으로 강조하였다.

또한 전국에서 기표된 관외사전투표지가 우체국을 통해 해당 선거구로 이동하는 '선관위 – 우체국 – 우편집중국 – 선관위'의 동선에서 감시사각지대, 빈틈이 다수 있다. 대부분의 보관장소에 CCTV가 설치되어 있지 않았고, 일부 설치되어 작동한 곳조차 CCTV 영상의 원본이 아니라 사본만 보관하고 있었다. 원본이 제출되지 않는 한, 이 사본이 실제 투표현장을 촬영한 것인지 확인할 방법은 없다.

경북일보

HOME   정치   국회·정당

CCTV 종이로 가려진 부천선관위 사무국장실 사전투표 5만여장 발견

人 이기동 기자   ⊙ 송인 2022.03.07 22:46   및 4만

제주서도 선관위 사무국장 방에 사전투표함 보관 드러나
확진·격리자 사전투표 '부실 관리' 이어 "선거 부정 의혹"

종이로 랜즈 가린 부천시선관위 사무국장실 CCTV(사진 위)와 부천시선관위 사무국장실에
보관된 관외 사전투표 우편물. 부천시의회 국민의힘 곽내경 의원 제공

CCTV가 가려진 부천선관위 사무국장실에서 발견된 사전투표 5만 여장

투표용지 발급기는 <u>봉함 · 봉인된 상태에서</u> 사전투표관리관에게 인계되고, 사전투표 용지의 발급과 투표용지의 투입, 사전투표함의 인계 등 전 과정에 참관인의 참여가 보장되고 있음은 앞서 살펴본 바와 같으므로, 사전투표용지를 프린터기로 인쇄 · 교부하였다는 사정만으로 사전투표지의 위조 가능성이 추단된다고 볼 수 없다. (판결문 p.13)

앞서 살핀 바와 같이 사전투표함은 봉인 과정에서 사전투표관리관과 사전투표 참관인이 각각 봉인지에 서명 또는 날인하도록 되어 있고, 개표소에서도 투표함의 봉인을 검사하도록 하는 등 각 단계에서 거듭 봉인의 연속성을 확인하도록 하는 이상, 위와 같은 형태의 봉인지를 사용한 것이 위법하다거나, 그것이 이 사건 선거무효사유의 존재에 관한 증거가 된다고 볼 수 없다. (판결문 p.23)

또한 이 사건 선거에 적용되던 공직선거법 관련 법령에는 사전투표함 보관장소에 CCTV를 설치하여야 한다는 규정 또는 투표지 이미지 파일을 따로 생성하여야 한다거나 그 원본을 보관하여야 한다는 규정이 존재하지 않으므로, 관외사전투표함 보관장소에 CCTV를 설치하지 않았다거나, 투표지 분류기에 저장된 파일을 저장매체에 옮기고 삭제하였다고 하여 그러한 조치에 위법이 있다고 할 수 없다. (판결문 p.40)

또한, 배송정보는 우체국에서 입력하는 것으로서 선거관리위원회의 선거사무의 관리 · 집행 영역에 속하지 않고, 앞서 본 바와 같이 공직선거법 관련 규정은 관외사전투표지의 운반과 보관 절차에서 다른 투표지가 혼입될 수 있는 가능성을 제도적으로 차단하고 있다. (판결문 p.21)

위법한 증거조사와 입증방해

2. 위법한 증거조사와 입증방해

가. 개요

　증거조사에 관해 원고 민경욱 전 의원 측과 피고 선거관리위원회(선관위) 간에 많은 대립이 발생했다. 원고측은 디지털 부정선거 의혹 규명을 위해 서버에 대한 조사가 필요하다고 초기부터 강조했지만, 피고 선관위는 2020년 9월경 선거 소송 중에 이미징 절차(포렌식을 위해 기존 정보의 사본을 확보하는 절차)도 없이 관악청사에 있던 서버 일체를 해체하여 과천청사로 이전하고 말았다. 전자개표기(투표지분류기)와 사전투표지발급기에 들어있던 로그기록과 이미지 파일 원본은 피고 선관위에 의해 무단 삭제되었다. 감정 대상 투표지의 수와 종류는 최대한 축소된 반면, 비교대상 기준투표지는 39가지 종류의 롤용지가 기습적으로 밀어 넣어졌다. 우편투표 배송에 관한 공식기록은 끝내 제출되지 않았다.

나. 피고 선관위의 PPT 발표만 보고 임시사무소의 '망분리'를 인정함

대법원은 피고 선관위에 대해서는 선관위의 피피티 발표를 한번 보고 중앙선관위에 소재한 선거전용통신망과 임시사무소의 선거정보통신망에 대한 망 분리를 인정하였다. 은폐된 임시사무소에 통신망이 깔려 있어도 선거전용통신망과 별개의 통신망임으로 문제없다는 결론을 내린 것이다.

판결문에서 '2020. 12. 14.자 현장검증'이라고 표현된 것은 피고 선관위가 과천선관위에서 일방적으로 피피티 발표를 한 것을 대법원이 현장검증했다는 의미이다. 재판부는 원고의 서버 검증·감정 필요 주장에 대해서는 묵살했다. 그러나 2023년 10월 국정원의 선관위 서버 점검을 통해, 선관위 내부망은 외부 인터넷과 분리되지 않았다는 사실이 드러났다.

원고는 선거정보통신망이 깔린 임시사무소가 운영된 사실을 문제로 지적하기도 하나, 을제42호증, 제43호증의 각 기재, 2020. 12. 14.자 현장검증 결과에 의하면 <u>사전투표시 통합선거인명부 조회를 위하여 사용되는 '선거전용통신망'은 선거관리 업무에 사용되는 '선거정보통신망'과 망 분리가 되어 운영되는 사실이 인정된다.</u> 그밖에 원고는 이 사건 선거무효사유와 임시사무소 운영 사이에 어떠한 관련이 있다는 것인지에 대한 구체적인 주장을 하지 못하였다. (판결문 p.13)

국정원 "선관위 내부 전산망, 해킹 공격에 취약"

입력 2023.10.06 17:22   수정 2023.10.06 17:27

5월부터 보안점검...외부 인터넷과 망분리 안돼

사진=연합뉴스

선관위가 대통령선거와 국회의원 총선거 등 전국 단위 선거 업무에 사용하는 내부 전산망(인트라넷)과 외부 인터넷 간의 '망분리'가 제대로 돼 있지 않은 것으로 확인됐다. 외부에서도 선관위 내부 전산망에 충분히 접근할 수 있는 구조로 돼 있단 것이다.(2023년 10월 6일자 한국경제 기사 중)

다. 원고측 주장을 밑받침하는 증거가 나와도 증거 제시 없는 피고 측 주장을 인용함(일장기투표지 관련)

　　송도2동 제6투표소 당일투표지에 대하여, ① 전체 1,974표 중 1,000장 이상 투표관리관 인영(印影)이 뭉개진 이상 투표지(일명 일장기투표지)가 재검표 때 나타났고, ② 해당 투표관리관은 이러한 투표지를 투표일 당시 듣지도 보지도 못했으며, ③ 나란히 앉아서 투표지에 투표관리관인을 직접 날인한 2명 중 1명과 통화했는데 그 사람도 일장기투표지는 듣지도 보지도 못했다고 말했다고 법정에서 증언하였고, ④ 투표록, 개표록에도 그러한 이상투표지에 대한 일체의 기재가 없었으며, ⑤ 종이 감정 결과 샘플 추출된 10장(일장기투표지) 모두 중요 특성이 기준 용지와 오차 범위 이상으로 다른데도 불구하고, 대법원은 투표 당일 있었던 투표지가 맞지만 아무도 이의를 제기하지 않아 투표관리관이 인지하지 못한 것이라 판단했다.

전체 1,974표 중 1,000장 이상에 이러한 이상 투표지가 발생했는데, 투표관리관이나 그와 함께 투표관리에 투입된 인원들, 1,000명의 투표자들 어느 누구도 아무런 이의를 제기하지 않았으며, 개표시에도 수많은 개표사무에 투입된 인원들과 개표참관인들이 그 어떠한 이의도 제기하지 않았다는 것이 상식적으로 가능한 일일까? 투표관리관과 관리관인을 찍은 두 명의 선거사무원 중 한 명은 본적도 들은 적도 없다고 했으므로, 선관위는 그 한 명을 불러 경위를 들었어야 했다. 그러나 피고 선관위는 도장을 찍은 사람, 이런 표에 투표한 사람을 찾지 않았고, 송도2동 제6투표소 당일투표에서 인영이 뭉개진 투표지를 보았다는 단 한 사람의 진술서도 내놓지 못했다. 그럼에도 대법원은 만년도장에 잉크를 다시 찍어서 이렇게 됐다는 선관위의 궁색한 변명을 그대로 받아들였다.

연수을 재검표 현장에서 나타난 일장기투표지
투표관리관의 인영이 뭉개진 상태가 뚜렷이 보인다.

> 이러한 사정에 비추어 보면, 비록 위와 같이 투표관리관인이 뭉개져 날인된 투표지가 존재하였더라도 <u>선거인들이나 참관인들이 이에 대하여 특별히 이의를 제기하지 않은 이상 투표관리관이 이를 인지하지 못하거나 그 사실을 투표록에 기록하지 않은 것이 이례적이라고 보이지 않는다.</u> 오히려 위 투표지는 정규의 투표용지에 투표관리관인을 찍는 과정에서 인영이 뭉개진 결과일 가능성을 배제할 수 없으므로, 이를 무효투표로 판정하여야 하는지 여부는 별론으로 하더라도, 위와 같은 형태의 투표지가 존재한다는 사실 자체만으로 다량의 투표지가 위조되었다고 추단할 만한 정황에 해당한다고 보기 어렵다. (판결문 p.32)

라. 관외사전투표의 우편배송기록이 40.4%나 비정상임을 보이는 물증을 제출했음에도 어떠한 증거탄핵이나 반증 없이 사실이 아닌 것으로 단정함

1) 관외사전투표(우편투표) 사실조회신청서에 대해 답변이 없었던 우정사업본부

원고는 관외사전투표의 배송기록 이상을 공개된 배송기록을 분석하여 확인한 후, 2020년 10월 15일 우정사업본부에 사실조회신청을 하였다. 그러나 우정사업본부는 재판이 끝날 때까지 답변을 거부했다. 사실조회를 신청한 사항은 다음과 같다.

사실조회사항

2020. 4. 10. 내지 4. 11. 실시된 제21대 국회의원선거 관외사전투표와 관련하여

가. 인천 연수구 선거관리위원회로 배송된 등기우편 중 연수구을 관외사전투표에
   관한

1) 등기번호 내역 (전량)

2) 발신지 내역 (전량)

3) 배송조회 내역 (전량)

나. 관외사전투표 봉투에 기재된 등기번호 및 기타 일련번호에 관하여

1) 등기번호 발급 체계 (시스템 원리)

2) 관외사전투표 봉투에 기재된 기타 일련번호의 의미와 부여 원리

다. 관외사전투표지 이동 배송에 관하여

1) 지침 존재 여부와 존재한다면 그 내용

2) 사전투표소에서 관할 선거관리위원회에 도달하기까지 표준적인 이동 경로

3) 사전투표소에서 관할 선거관리위원회에 도달하기까지 운송수단

4) 사전투표소에서 관할 선거관리위원회에 도달하기까지 운송담당자 및 동승관리
   자의 구성

5) 사전투표소에서 관할 선거관리위원회에 도달하기까지 각 지점마다 인수인계방법

6) 사전투표소에서 관할 선거관리위원회에 도달하기까지 이동상황을 보여주는 폐쇄
   회로티비(CCTV)가 존재하는지 여부

7) 사전투표소에서 관할 선거관리위원회에 도달하기까지 투표지 이동 대장, 인수 대장,
   인수인계 대장이 존재하는지 여부

8) 사전투표소에서 2020. 4. 12. 발송되는 관외사전투표지도 존재하는지 여부, 존재
   한다면 어느 투표소에서 그런 일이 발생했는지 여부

9) 사전투표지 이동 배송에 관하여 선거관리위원회와 업무협조를 위해 회의 또는
   의논한 적이 없는지 여부, 있다면 그 논의 내용

10) 특별사전투표소의 존재를 언제 알게 되었는지 여부와 특별사전투표소에 관한
    추가 업무를 어떻게 배당하였는지 여부

라. 배송조회 내역이 관리되는 전산정보시스템에 관하여

1) 2020. 4. 10. 이후 배송조회 내역 전산정보시스템의 관리자는 누구인지

2) 2020. 4. 10. 이후 배송조회 내역 전산정보시스템에 대하여 인위적인 변형, 조작을
   가한 적이 있는지 여부

3) 2020. 4. 10.에서 2020. 4. 16.까지 배송조회 내역 전산정보시스템 관리에서 선거
   관리위원회의 역할은 무엇이었는지

4) 2020. 4. 10.에서 2020. 4. 16.까지 배송조회 내역 전산정보시스템 관리에서 선거
   관리위원회의 전용선이나 일반선이 접속되었는지 여부

5) 위 4)항 접속 여부 판단의 객관적 근거

6) 배송조회 내역 등 전산정보시스템에 대한 해킹이 감지된 적이 있는지 여부

우정사업본부는 법원의 독촉 서류가 여러 차례 송달되었음에도 끝내
공식적인 배송기록을 제출하지 않았다. 만일 실제로 사실조회사항이 제
출되었다면 어떻게 우체국 배송기록에 그렇게 많은 이상 경로가 나타날
수 있는지, 이상 시간, 이상 수신자 등 비정상적인 이유를 분석할 수 있었
을 것이다. 국가기관인 대법원의 사실조회 신청과 수차례의 독촉에도 불

구하고 관련 자료를 제출하지 않은 것은 직무유기에 해당할 뿐만 아니라 심각한 관외사전투표 부정선거의 증거를 은폐한 것이다. 우정사업본부가 무슨 배짱과 이유로 대법원의 독촉을 무시했는지 밝혀질 날이 반드시 오기를 바란다.

대　법　원

사실조회독촉

우정사업본부 귀하

사　　건　2020수30　국회의원선거무효
원　　고　민경욱
피　　고　인천 연수구 선거관리위원회 위원장

평소 우리 법원의 업무에 적극 협조하여 주시고 있는 데 대하여 감사드립니다.
위 사건에 관하여 사실조회를 의뢰하였는바, 그 회신이 도착하지 아니한 관계로 재판이 오래 지연되고 있습니다.
여러 업무에 바쁘신 줄은 잘 알고 있으나, 사실조회에 대한 회신서를 가능한 한 조속히 송부하여 주실 것을 부탁드립니다.
아울러 빠른 시일 내에 회신의 송부가 불가능한 경우에는 그 이유 및 송부 가능한 시기를 알려주시기 바랍니다.

※※※ 우리 법원이 발송한 사실조회서가 귀하에게 도착된 일자는 2020. 10. 27.입니다.

2021. 2. 17.

재판장　대법관　박　상　옥　

※ 이 법원에 제출하는 서면에는 사건번호(2020수30)를 반드시 기재하여 주시기 바랍니다.

※ 문의사항 연락처 : 대법원　특별2부(자)　법원사무관　홍동연
　　전화 : 3480-1364
　　팩스 :　　　　　　　　　　e-mail :
　　주소 : 서울 서초구 서초대로 219 대법원

대법원이 우정사업본부에 발송한 사실조회 독촉장
그러나 우정사업본부는 배송기록을 끝내 제출하지 않았다.

2) 투표수, 봉투수가 안 맞는다는 것은 결정적이고 심각한 사유 – 원고는 체계적인 분석으로 무효사유를 입증했는데도 대법원은 이를 무시함

가장 중요한 부분은 우편봉투수, 투표수 등 숫자가 맞지 않는 부분이다. 원고는 등기번호를 모두 확보하고 배송내역을 면밀히 분석하여 객관적인 데이터를 근거자료로 제시하여 부정선거임을 입증하였다. 원고는 증거보전절차에서 등기우편봉투를 확인할 수 있었는데, 등기우편봉투에는 우체국 등기번호, 사전투표소 투표자와 행정동이 찍혀져 있는 바코드와 번호가 기입되어 있다. 우체국 등기번호는 우체국 사이트의 국내우편배송조회를 누르면 누구나 확인할 수 있으며(https://service.epost.go.kr/iservice/), 확보한 등기번호를 통해 총 2,725,843건의 등기번호, 2,724,714명의 선거인과 2,722,790건의 투표수를 모두 추적하였고, 모든 등기번호와 관련된 배송정보(보내는 분/발송날짜, 받는 분/수신날짜, 배달결과, 처리현황, 발생국, 날짜와 시간, 집배원, 수령인)의 데이터를 확보한 후 이에 따른 데이터를 31개 이상 항목에 따라 분석하였다. 그 결과 최소 1,100,672건이 비정상투표지로 확인이 되었고, 이는 272만 건 중 40.40%에 해당하는 양이었다.

원고가 증거보전절차에서 확보한 등기우편봉투

우편투표 등기번호 전수조사결과

■ 선거관리위원회에서 발표한 관외투표수

선거인수	투표수	유효투표수	무효투표수	기권수
2,724,714	2,722,790	2,671,307	51,483	1,924

■ 원고측에서 등기번호 등을 통해 조사한 관외투표수

등기수	조사수	누락수
2,725,843	2,724,653	1,190

■ 관외투표 등기 조사결과

항목	조사수	정상수	비정상수	유형별 비정상 건수*
수량	2,724,653	1,623,981	1,100,672	2,214,186
비율(%)	100	59.60	40.40	

* 하나의 비정상 배송기록에 다수의 비정상 유형이 발생한 경우, 각각을 헤아리면 두 배 이상의 비정상 유형이 발견됐음. 즉, 하나의 비정상 배송기록은 평균 두 가지 정도의 비정상 유형을 포함함.

■ 관외투표 유형별 비정상 건수 조사결과

유형	개수	설명
미배달	5	미배달(이사간 곳) 처리된 등기
선거일 이후 배송정보	4	4월 15일 이후에도 배송정보 기록
접수 없이 배송	5,354	접수내역 없이 우편물 배송처리
접수 후 타우체국 처리	17,683	접수우체국에서 우편물 처리되지 않고 타우체국에서 처리
도착 후 타우체국 처리	150,590	도착우체국에서 우편물 처리되지 않고 타우체국에서 처리
미배달	5	미배달(이사간 곳) 처리된 등기
선거일 이후 배송정보	4	4.15일 이후에도 배송정보 기록
접수 없이 배송	5,354	접수내역 없이 우편물 배송처리
접수 후 타우체국 처리	17,683	접수우체국에서 우편물 처리되지 않고 타우체국에서 처리
도착 후 타우체국 처리	150,590	도착우체국에서 우편물 처리되지 않고 타우체국에서 처리
발송 후 도착이 아닌 경우	391,735	발송은 됐으나 도착정보가 없는 경우
발송 후 동일 우체국 도착	29,688	동일 우체국에서 발송과 도착이 이루어 짐
배달준비 후 타우체국 처리	2,105	배달준비 후 타우체국에서 우편물 처리
배달준비 후 도착발송	212,020	배달준비 후 배달완료 없이 도착과 발송 처리
배달결과 정보 없음	2	기본배송의 배달결과에 공란으로 표기
기본배송도착	138,853	기본배송의 배달결과에 도착으로 표기
기본수신일 미표기	138,860	수령인 항목에 수신일이 표기되지않은 경우
수령인 기록 이상	5,903	배우자, 동거인, 형제자매 표기 또는 수령인 미기록
배달완료 후 배송진행	140,515	배달완료 후에도 도착, 발송 등의 우편물 처리가 이루어진 경우

접수취소 재접수	29,812	접수 후 취소 재접수 또는 접수 후 취소 재접수 재취소 재재접수 된 경우
집배원 누락	4,511	집배원 이름이 표기되지 않은 경우
집배원 특수실 소통팀 등	68,539	집배원 이름이 특수실, 소통팀, 특수계, 당직장 등으로 표기된 경우
출발처리 도착처리 동일	71,518	도착에서 도착, 발송에서 발송 처리된 경우
접수 후 완료 60시간 이상	1,421	접수 후 배달완료까지 60시간 이상 소요된 경우
우체국 체류시간 (10분 이하)	145,370	동일우체국에서 분류, 처리 시간이 10분 이하 소요된 경우
우체국 체류시간 (30시간 이상)	413	동일우체국에서 분류, 처리 시간이 30시간 이상 소요된 경우
집중국 체류시간 (10분 이하)	43,070	동일집중국에서 분류, 처리 시간이 10분 이하 소요된 경우
집중국 체류시간 (30시간 이상)	78,488	동일집중국에서 분류, 처리 시간이 30시간 이상 소요된 경우
집중국 이송 네비보다 짧음	307,826	집중국간에 이송시간이 네비게이션 자동차 운행시간보다 작은 경우
집중국 이송 네비+120분 보다 큼	3,256	집중국간에 이송시간이 네비게이션 자동차 운행시간 + 2시간보다 큰 경우
우체국간 이송 네비보다 짧음	60,094	우체국간에 이송시간이 네비게이션 자동차 운행시간보다 작은 경우
우체국간 이송 네비+120분 보다큼	2,202	우체국간에 이송시간이 네비게이션 자동차 운행시간 + 2시간보다 큰 경우
우체국 −선관위 이송 네비보다짧음	11,295	배달우체국에서 수신선관위까지의 배송시간이 네비게이션 자동차 운행시간보다 작은 경우 (우체국, 선관위 동일지역)
우체국 −선관위 이송 네비+ 5시간보다 큼	133,617	배달우체국에서 수신선관위까지의 배송시간이 네비게이션자동차 운행시간 + 5시간 보다 큰 경우(우체국, 선관위 동일지역)
한국 성씨가 아닌 수령인	19,437	새, 개, 히, 깨 등 한국 성씨가 아닌 자 및 선거관리위원회 이름으로 수령
계	2,214,186	

대법원은 관외사전투표에 대하여, 부정선거 조작 세력이 빅데이터 분석을 통해 정교한 근사치를 도출하여 사전 준비가 가능하고, 배송기록에 대하여 시스템 해킹을 통한 전산 조작이 가능함을 무시했다. 대법원은 "원고의 주장처럼 사전투표지를 위조하여 투입하는 방식으로 선거 결과를 조작하였다면, 이를 실행한 '성명불상의 특정인'으로서는 굳이 진정한 관외사전투표지의 배송정보를 비정상적으로 입력할 필요가 없고, 오히려 그와 같이 해서도 안 될 것이다. 왜 위조된 관외사전투표지 중 40.40%의 배송정보만이 비정상적으로 입력되었는지에 관하여도 충분한 설명이 되지 아니한다"는 이상한 논리를 전개했다. 마치 이런 범죄자가 증거를 남길 리가 없다는 이상한 판결문이다. 음주운전자를 잡아왔는데 음주운전에 적발될 만큼 술을 마시고 운전했을 리가 없다는 식의 판결이다.

대법원은 부정선거 조작 세력이 해킹을 통해 부풀린 관외사전투표의 배송기록을 전산조작하는 과정에서 시스템 에러, 버그, 또는 현지 실정 미숙지 등으로 엄청난 숫자의 배송기록 이상이 발생할 개연성을 전혀 고려하지 않았다. 대법원은 원고가 인터넷에 공개된 등기우편 배송조회 기록으로 밝힌 40.4% 배송기록 이상의 주장·입증에 대해 기본적인 사실관계 확정도 하지 않았다. 대법원은 사실관계를 제대로 조사 확정해 보지도 않고, '그처럼 많은 수의 이상이 생길 수 없다'고 예단하며 어처구니없는 논거를 대는 희대의 오만과 위법을 자행했다. 심지어 그처럼 다량의 배송기록 이상이 생겼더라도 이는 다량의 등기우편 처리 과정에서 발생할 수 있는 단순 오류라고 단정해 버리기도 했다.

오류가 반복되면 오류가 아니라 조작인 것이고, 110만 건의 이상 경로, 이상 시간, 이상 일정 등이 발견되었다면, 심각한 조작의 흔적인 것이다. 부정선거를 자행한 범죄자들은 원고를 비롯한 유권자들이 우편봉투의 배송

경로까지 모두 추적할 것이라고는 생각을 못했을 것이다. 수많은 시민들이 범죄자들의 추정을 넘는 열정과 헌신으로 밝혀낸 부정의 흔적들을 대법원 판결은 '오류'라는 단 한 단어, 그럴 수 있다는 말도 안되는 논리로 덮어버렸다. 우정사업본부가 왜 회신을 하지 않는지 캐묻고, 우정사업본부와 공통되는 자료를 가지고 있는 선관위 자료에 대한 석명 요구를 하였다면, 이런 엉터리 판결을 하지 못했을 것이다. 그런 기본적인 증거조사를 의도적으로 하지 않은 대법원은 어찌보면 부정선거의 공범임을 자백한 것이라는 비난을 받아도 마땅할 것이다.

관외사전투표는 투표장에서 투표지가 발급되면서 '선거인수'가 중앙선관위에 기록되고, 우체국을 통해 '등기수'가 정해지고, 개표장에서 우편투표를 개봉하면서 '투표수'가 결정된다. 전국 대부분의 지역에서, 선거관리가 온전했다면 예상되는 '선거인수 = 등기수 = 투표수'는 지켜지지 않았다. 인천 연수구의 경우 선거관리위원회에 도달한 우편투표수는 20,293개였으나, 개표결과 실제 투표수는 20,015개였다. 배달됐다고 기록된 투표와 실제 투표 사이에 무려 269개나 차이가 있는데도 대법원은 그 원인을 묻지도 따져보지도 않고 덮어버렸다.

> 그러나 원고가 제출한 위 증거에 의하더라도, 경인지방우정청은 단순히 "선거관리위원회에 배달된 통수"가 20,293개라고 답변하였을 뿐이다. 그와 달리 인천연수구선거관리위원회에 도달한 관외사전투표지가 담긴 회송용 봉투의 숫자가 20,293개라고 볼 만한 증거는 없다. 따라서 인천연수구선거관리위원회에 도달한 회송용 봉투의 수량과 관외사전 투표수의 차이를 가지고 위조된 사전투표지가 혼입되었을 것이라는 원고의 주장도 선거무효사유의 존재에 관한 객관적인 근거가 되기에 부족하다. (판결문 p.20)

대법원에서 공직선거법 제225조에 따라 180일 내에 재판하여야 한다는 규정을 어기고 1년 2개월이 지나도록 재검표 일정을 전례 없이 늦추는 동안, 대한민국 국민들은 국민수사대가 되어 4.15 총선이 무효라는 수백 가지의 증거를 찾았다. 그 중 272만 개의 우편투표 전수조사는 과학적이고, 체계적인 조사라 할 것이며, 그 결과 밝혀진 최소 110만 개의 가짜 우편투표는 4.15 총선이 무효임을 입증하는 가장 중대하고 명백한 증거라 할 것인데, 법원은 말도 안되는 논리로 이를 덮었다.

> (다) 결국 관외사전투표의 배송 과정에서 대규모의 조직적인 부정이 있었다는 원고의 주장은 그 자체로도 단순한 의혹 제기 수준을 벗어나 객관적 근거를 갖춘 것이라고 보기 어렵고, 관외사전투표지의 배송 측면에서 위조 투표지의 투입 사실이 있었다는 점을 증명할 다른 증거도 없다. 오히려 원고가 주장하는 비정상적인 배송내역은 우체국에서 짧은 시간 내에 다량의 회송용 봉투를 등기우편으로 처리하면서 발송 또는 도착 상황의 입력을 뒤늦게 하는 등의 과정에서 발생한 것으로 볼 수 있다. 따라서 이 부분 원고의 주장도 이유 없다. (판결문 p.22)

마. 재검표 검증 시 원고측의 동영상 촬영을 불허하고 사진 촬영조차 제한한 뒤 법원 촬영 동영상과 사진 원본은 삭제함

대법원은 재검표 검증 시 원고에게 동영상 촬영을 허락하지 않았다. 사진 촬영조차 완전히 금지했다가 원고측의 거센 항의로 극히 제한된 숫자의 촬영자(중반 이후로는 1명의 변호사)만을 허용했고, 그렇게 촬영한 사진도 외부에 알려지면 제재하겠다는 경고를 하기도 했다.

미국의 경우, 재검표 과정은 인터넷으로 실시간 중계된다. 선거정의가 의심되어 그 검증을 할 때, 이는 전국민이 관심을 갖고 확인해야할 일이며 그 길이 열려져 있어야 한다. 하지만 연수을 재검표 현장에서, 대법원과 선관위 직원은 원고와 변호사들이 실시간으로 페이스북을 통해 재검표 과정을 전하는 것조차 막았다.

대법원은 법원 사진사가 촬영하기에 이를 이용하면 된다고 말했다. 그러나 법원 사진사가 찍은 사진조차 극히 일부(수십 장)를 검증조서에 첨부한 뒤 원고 모르게 모두 삭제해 버렸다. 원고는 열람 복사 신청을 했지만, 이미 삭제한 사진에 대해 열람할 수 없다는 답이 되돌아왔다.

바. 선관위가 제출한 투표지 이미지 파일이 사본이었기에 원고가 증거로 인정하지 않았음에도 법원은 증거로 인정함

원고는 재검표장에서 4.15 총선 개표 당시 생성된 이미지파일과 재검표장에 나온 투표지 이미지 간의 대조를 실시하려 했다. 그러나 대조 절차를 진행하기 전에 원고측 이동환 변호사는 피고가 USB에 담아서 들고 온 이미지 파일이 원본인지 물었고, 피고 선관위의 답변을 통해 제출된 이미지 파일이 4.15 개표 당시 생성된 이미지파일 원본이 아닌 사본이며, 원본과의 동일성을 확인할 수 있는 장치(예: 해시값 비교)도 없는 것이라는 사실이 드러났다. 피고 선관위가 위와 같이 공식적으로 이미지파일이 사본임을 인정했을 때, 대법관을 포함한 재검표 참석자 모두는 크게 놀랐다.

피고 선관위가 제출한 4.15 총선 투표지 이미지 파일이 원본이었다면, 그 이미지들에 일장기투표지 1,000장이 있는지 없는지를 확인할 수 있었을 것이다. 그러나 원고는 피고가 이미지파일 사본이라 주장하는 것이 원본과의 동일성을 확인할 수 없어, 사본으로 불릴 수도 없는 것임을 분명히 했다. 디지털 증거의 조작 용이성을 생각할 때, 이와 같은 디지털 파일은 부정선거를 다투는 공적 영역에서 다른 증명 없이 증거의 지위를 점해서는 안 되는 것이었다. 그런데 대법원은 원고의 항의에도 아랑곳없이 피고 제출 이미지파일에 대해 원본과의 동일성이 입증된 사본처럼 취급했다. 이에 대해서는 피고의 주장 외에 아무런 객관적인 입증이 이루어지지 않았음을 이 자리를 빌어 다시 한 번 분명히 밝혀둔다.

이 사건 선거의 투표지 이미지 파일이 봉인된 상태로 이 법원에 제출된 사실은 앞서 살핀 바와 같다. 한편 2020. 12. 14.자 현장검증 결과에 변론 전체의 취지를 종합하면, 중앙선거관리위원회는 이 사건 선거와 관련된 기록을 통합스토리지 장비에 저장하는 한편, 이 사건 선거에 관한 전산자료를 포렌식한 사본을 선거 종료 후 봉인하여 보관하고 있는 사실이 인정되고, 이 법원은 이 부분 증거조사의 필요성이 충분히 소명되지 않아 원고의 이 부분 감정신청을 채택하지 아니하였다. (판결문 p.41)

사. 법원은 서버의 증거보전신청을 철저히 불허하고 선관위는 서버를 해체한 후 이전함

[논평] 2022. 7. 28.은 법치와 자유민주주의 사망의 날

2022. 7. 28. 대법원은 연수을 선거무효소송 기각 판결과 함께 서버 등에 대한 증거보전 신청(2020주511)도 기각했다.

2020. 4. 15. 총선 직후 투표함 등 보전신청 시 서버 등 전산기록과 자료에 대한 증거보전 신청이 여러 차례 다각도로 이루어졌지만, 법원은 이를 모두 기각했다.

2020. 9. 30.(추석 전날) 새벽 서울 사당동에 있던 중앙선관위 관악청사의 서버 해체·이전을 앞두고 서버 등에 대한 증거보전 신청을 새로 접수했다.

2020. 9. 25.부터 서버 해체 직전인 2020. 9. 29.까지 무려 6차례 응급 상황임을 강조하며 여러 소송대리인들에 의한 기일지정신청이 이루어졌다.

그러나 대법원은 아무런 조치를 취하지 않았고, 결국 2020. 4. 15. 총선의 전산기록 원본에 해당하는 사당동의 중앙선관위 서버는 선거무효소송 관계자 누구의 참관도 없이, 이미징파일 확보 등 어떠한 증거보전 조치도 없이 2020. 9. 30.(추석 전날) 새벽 해체되어 과천 선관위 건물로 이전되었다.

그리고 2022. 7. 28. 연수을 선거무효소송 기각 판결과 함께 2년이 지나서야 대법원은 이미 해체 · 이전 되어버린 중앙선관위 서버 등에 대한 증거보전 신청을 기각 결정했다.

대법원은 원고가 부정선거를 입증하지 못했다고 했는데, 정작 대법원은 원고가 가장 중요한 증거로 여긴 서버 등 전산자료에 대한 원본 증거 확보를 시종 가로막아 왔다.

역사는 2022. 7. 28.을 대한민국 법치와 자유민주주의 사망의 날로 기록할 것이다.

(출처: 도태우 변호사 페이스북)

> 이미지 파일이 봉인된 상태로 이 법원에 제출된 사실은 앞서 살핀 바와 같다. 한편 2020. 12. 14.자 현장검증 결과에 변론 전체의 취지를 종합하면, 중앙선거관리위원회는 이 사건 선거와 관련된 기록을 통합스토리지 장비에 저장하는 한편, 이 사건 선거에 관한 전산자료를 포렌식한 사본을 선거 종료 후 봉인하여 보관하고 있는 사실이 인정되고, 이 법원은 이 부분 증거조사의 필요성이 충분히 소명되지 않아 원고의 이 부분 감정신청을 채택하지 아니하였다. (판결문 p.41)

아. 전자개표기 등의 통신기능 구현 여부에 대한 증거조사가 이루어지지 못함

대법원은 서버에 대한 증거조사는 허락하지 않으면서 대신 전자개표기 (투표지분류기)에 대해 극히 제한된 사항의 감정을 허락했다. 전자개표기가 외부와 통신 연결이 가능한지가 핵심 검증사항이었는데, 대법원은 이 감정에 수개월이 걸리고 비용으로 1억 원 이상을 요구하는 감정인만을 허용했다. 재검표와 감정에 따르는 비용은 원고 개인의 사비로만 충당하게 되어 있다. 원고와 변호인단은 서버 감정을 핵심으로 보고 있었기에, 서버 감정을 제대로 하지 않겠다면 전자개표기 감정은 포기하겠으니 재검표 검증 기일이라도 빨리 열어달라는 요구를 하기에 이르렀다.

원고는 입찰을 통해 구형 전자개표기 50여 대를 600여 만 원을 내고 구입하기도 했었다. 구형 전자개표기를 본 전문가들과 4.15 총선 후 구리선관위에서 2020년 4.15 총선 당시 쓰인 전자개표기를 뜯어 살펴본 전문가들은 전자개표기에 불필요하게 고성능의 칩이 있다면서 해킹 등에 의한 조작이 가능하다고 밝혔다.

또한 전자개표기 제작사인 한틀시스템 관계자가 노트북과 프린터가 내장된 일체형이며, 와이파이 기능은 확인하지 못하게 숨겨져 있었고, ipconfig(internet protocol configuration)로 확인할 수 있다고 원고와

목숨을 건 핵폭탄급 내부고발자 등장
(한틀시스템 투표지분류기 회사 관계자 인터뷰 영상)

인터뷰를 했다. 그는 노트북을 확인하면 비공식 프로그램 설치여부 및 화웨이 중계기와 무선통신한 와이파이 중계 여부를 확인할 수 있고, 장애발생을 대비하여 어디론가 실시간 백업을 하며, 노트북을 검증하면 백업데이터 전송경로를 알 수 있다고도 하였다.

그리고 2020년 4.15 총선 당시 선관위 상임위원이었던 조해주가, 22년 전인 2002년 대선 생중계 방송에서 '전자개표기'라고 명명하면서 "실시간으로 초고속 정보망을 통해서 중앙 서버로 전송하게 됩니다.", "전자개표기를 통과하자마자 득표치가 바로 시청자들에게 전해지는 그런 셈 아니겠습니까?", "네 그렇습니다"라는 인터뷰를 한 영상도 있다.

이런 내부자 증언은 이미 전자개표기의 통신연결과 이를 통한 조작이 가능하다는 것이며, 전자개표기를 통한 조작을 위해 결과 값 세팅 또한 가능하다는 것을 의미한다. 또한 전자개표기가 세계 각국에 수출되어 각국의 부정선거에 이용되고 있다는 사실은 공지(公知)의 사실이다. 2018년에는 콩고민주공화국 국민들이 한국 선관위까지 비행기를 타고 날아와서 부정선거 수출 책임을 묻고, 한국산 전자투표기 수천 대를 파괴하기도 했다.

2018년 8월 6일자 SBS 뉴스 보도 : "부정선거 땐 韓 회사 책임...선관위 몰려온 콩고인들 왜?"

[이철우 칼럼] 부정선거 의혹

(…전략…)

미국도 부정선거에 칼을 빼들었다. 트럼프 당선 이후 신임 FBI 국장으로 캣시 파텔이 지명됐다. 그는 입각하면 트럼프와 함께 지구 끝까지 부정선거를 추적하여 이와 관련된 카르텔이나 딥스테이트, 그리고 동조한 언론까지 처벌할 것이라고 했다. 그는 미국 국내 뿐만 아니라 다른 국가들의 부정선거도 조사하여 전 세계의 부정선거를 일소하겠다는 뜻을 드러내고 있다. 그런데 신임 FBI 국장의 의중에는 한국이 있다. 수치스럽게도 한국이 글로벌 부정선거의 진원지로 지목되고 있다. 그 이유가 한국에서 만든 '전자 투개표기' 때문이다.

세계적으로 한국산 개표기를 사용하여 부정선거 혼란이 일고 있는 나라를 살펴보자. 콩고, 우간다, 가봉, 모잠비크, 미얀마, 르완다, 루마니아, 베네수엘라, 볼리비아 등 20여 개국에 달한다. 콩고는 대통령 부정선거 시비로 지금도 내전 중이다. 콩고에서는 "해킹에 취약한 이런 형편없는 전자개표기를 어떻게 선거에 사용하는가"라며 한국산 개표기 8,000여 개를 때려 부쉈으며 이 장면이 보도되기도 했다.

루마니아의 대통령선거는 헌재에서 무효가 선언되어 재선거를 치렀고, 키르키스스탄에서는 총선 부정논란으로 소요가 일어나 대통령이 사임하기도 했다. 엘살바도르 대통령선거도 부정논란으로 폭동 중이고, 에콰도르와 볼리비아도 마찬가지 상태이다. 치욕스럽게도 이들 국가 모두 한국산 전자개표기를 사용한 국가이다. 이런데도 선관위는 부정선거 논란에 대한 조사를 거부하고, 전자개표기 사용금지 등 선거시스템에 대한 개선도 거부하고 있다.

(출처: 2024년 12월 7일 대경일보)

국가	선거명/연도	상황
필리핀	대선/2004	대법원이 부정선거 위험을 이유로 사용불가 판정
이라크	총선/2017	한국산 투개표기 첫 사용 선거에서 수작업을 통한 재개표 결과 전자식과 최대 12배 차이. 1,021개 투표소의 개표 결과 선거 무효. 선관위원 전원 해임.
에콰도르	대선/2017	대혼란, 대선후보 피살
콩고	대선/2018	유혈사태, 현재까지 내전 중
볼리비아	대선/2019	유혈사태, 대통령 사임, 재선거
키르기스스탄	대선/2020	한국산 투개표기 첫 사용국가(2015). 유혈사태, 대통령 사임, 재선거
벨라루스	대선/2020	유혈사태
피지공화국	총선/2022	대혼란
남아공	총선/2024	유혈사태
엘살바도르	대선/2024	개표결과 전송 시스템 개표 중 마비

한국산 전자투개표기를 사용한 뒤 부정선거 논란으로 대혼란이 발생한 국가들

선관위는 국가기관으로서 책임을 다하여 전자개표기 등의 통신기능 구현 여부에 대해 자체 시연 쇼를 할 것이 아니라 최소한 국립과학수사연구소에라도 해당 검사를 의뢰하여 공신력 있는 설득행위를 했어야 한다. 원고측 소송대리인이 선관위 시연을 하는 과정에서 전자개표기를 검증하러 가면 일부러 피하기도 했다. 이미 전자개표기가 부정선거의 증거라는 주장은 곳곳에 있다.

키르기스스탄의 경우 여당이 90% 압승했음에도 불구하고, 국민들이 한국산 전자개표기에 의한 부정선거 때문에 분노하여 들고 일어나 대통령궁을 불태웠다. 2020년 10월 15일 키르기스스탄의 소론바이 제엔베코프 대통령은 하야를 선언했다.

대한민국은 부끄럽게도 인천 송도에 있는 A-WEB(세계선거기관협의회, Association of World Election Bodies)의 ODA(공적개발원조, Official Development Assistance) 사업을 통해 세계 각국에 전자개표기 등 부정선거를 수출해왔다. 한국의 선관위가 주관하는 A-WEB의 사업을 통해 전 세계 부정선거 허브(HUB) 역할을 한 것이다.

붙임1 | A-WEB 관련 예산 세부내역

사 업 명	'16년		'17년		'18년		'19년		'20년
	예산	결산	예산	결산	예산	결산	예산	결산	예산
보조금 합계	3,309	3,265	7,948	7,647	7,896	6,619	1,501	1,454	1,189
□ 한국선거제도해외전파(1133-334) 320-01(민간경상보조)	3,309	3,265	7,948	7,647	7,896	6,619	1,501	1,454	360
1. 자유롭고 공정한 선거관리 지원(해외선거참관)	362	362	362	352	362	195	-	-	-
2. 선거관리 역량강화 연수	628	833	628	592	933	883	360	357	360
3. 선진 선거제도 도입을 위한 선거 ICT 특화연수 등	-	-	1,705	1,419	1,725	1,220	-	-	-
4. 사모아 선거관리 선진화	-	-	-	-	1,160	1,120	81	79	-
5. 파푸아뉴기니 선거관리 선진화 지원	-	-	-	-	1,637	1,601	153	138	-
6. 기니 선거관리 선진화	-	-	-	-	179				
7. 피지 투·개표선진화 역량강화	-	-	826	803	159	159	-	-	-
8. 엘살바도르공화국 선거 ICT 선진화 지원사업	-	-	1,607	1,755	150	147	-	-	-
9. DR콩고 투·개표 선진화를 통한 선거관리 역량강화	-	-	931	917	-	-	-	-	-
10. 에콰도르선거위원회(CNE) 역량 강화 지원사업	-	-	139	129	-	-	-	-	-
11. 우즈베키스탄공화국 ICT 선거 역량 강화 지원 사업	-	-	300	295	-	-	-	-	-
12. 키르기즈 선거시스템 운영지원 및 교육	275	242	-	-	-	-	-	-	-
13. A-WEB 운영지원	2,044	1,828	1,450	1,384	1,591	1,294	907	879	-

A-WEB(세계선거기관협의회) 관련 예산 세부내역
이해를 돕기 위하여 표 왼쪽의 4-12번까지 연두색으로 강조하였다.

전자개표기가 부정선거에 이용된다는 증거는 차고 넘친다. 이 정도가 되면 대법관이 직권으로 증거조사를 할 법도 한데 침묵했다. 아니 거부했다. 이는 단순한 직무유기를 넘어 부정선거를 은폐한 중대범죄에 해당한다.

자. 당해 선거에 쓰인 2종류 용지 외에 피고가 들고 온 정체불명의 용지 37종류 모두를 투표용지 감정 비교 대상으로 씀

투표용지 감정 대상을 정할 때, 대법원은 원고에 대해서는 대법원이 일방적으로 정한 매수인 122매에서 단 1장도 늘려주지 않았다.

원고는 재검표 검증 기일에 검증을 마친 후 더 많은 수의 이상 투표지들이 감정 대상이 될 수 있도록 법원 보관을 신청했으나 극히 제한된 숫자만을 받아준 것이다. 원고는 변론기일에서 이상 투표지들의 모든 유형이 고루 망라될 수 있도록, 특히 본드풀이 떡칠된 투표지의 종이와 풀 성분을 감정할 수 있도록 해 달라고 했으나 절대로 받아주지 않았다.

대법원은 2021년 11월 19일자 감정인 심문기일에 대법관 3인이 참석하여, 연수을 선관위가 보관하고 있던 잔여 투표용지(롤용지)들로 4.15 총선 당시 사용했던 동일한 프린터와 잉크로 투표지를 인쇄하여 100장의 비교대상 투표지들을 만들어 낸 후, 2021년 6월 28일자 재검표 당시 발견된 이상 투표지들(감정대상 투표지) 122매와 그 성상 및 재질을 비교감정하기로 결정하였다.

2021년 12월 13일(월요일)은 대법원에서 2021년 11월 19일자 감정인 심문기일에 결정된 대로 재검표 당시 발견된 이상 투표지들 중에서 122장의 감정대상투표지들을 선택하고, 연수을 선관위 보관 잔여 투표용지(롤용지)

로 4.15 총선 당시와 동일한 방식으로 100장의 비교대상 투표지들을 인쇄하여 감정인에게 전달하기로 한 날이었다. 그런데 피고 선관위는 그 사흘 전인 2021년 12월 10일(금요일) 오후에 기습적으로 서면을 제출하여, 전국의 37개 지역 선관위에서 보관하고 있는 미사용 사전투표용지(롤용지)를 제출할 테니 해당 롤용지 전부를 이용하여 인쇄한 비교대상투표지로 감정해야 한다고 주장했다.

원고 대리인들은 감정기일인 2021년 12월 13일에 이러한 피고 요구에 대하여 강력 반발하였으나, 천대엽 대법관은 마치 기다리고 있었다는 듯이 피고 선관위 요구대로 감정방식을 갑자기 변경하였다.

천대엽 대법관의 갑작스런 감정방식 변경결정으로 인하여, 감정대상 투표지가 122장인데 반하여, 비교대상투표지는 무려 390장(연수을 보관 롤용지로 인쇄한 20장 + 피고 선관위가 가져온 전국 각지의 37개 롤용지로 인쇄한 370장)이 됨으로써 배보다 배꼽이 더 커진 상황이 되었다. 더구나 피고 선관위가 전국 각지에서 가져온 37개 롤용지는 그 출처가 피고 주장일 뿐이어서 어디서 구해 가져왔는지 도무지 알 수 없는 용지였으며, 해당 롤용지들 중에는 제21대 4.15 총선뿐만 아니라, 제19대 대선(2017. 5. 9.), 제7대 지방선거(2018. 6. 13.)에 사용하고 남은 용지도 있어 비교대상으로 삼기에 적절하지 않았다.

대법원이 이 사건인 2020년 4월 15일 선거용으로 납품된 2종류의 투표용지 외에 다른 롤용지를 피고가 가져온다고 해서 엄밀한 점검 없이 화학적 성분 분석의 대상으로 추가해 주는 것도 공정한 감정 절차에서 한참 벗어난 것이지만, 추가된 37장의 롤용지 중 2종류에는 심지어 형식적인 제조(납품)처 라벨마저 붙어있지 않았다. 대법원은 출처불명, 정체불명의 롤용지까지 비교 기준 대상으로 포함시킨 것이다.

선관위가 갑자기 가져온 미사용 사전투표용 롤용지
좌: 제조처 표기가 없는 롤용지   우: 제조처 표기가 된 롤용지

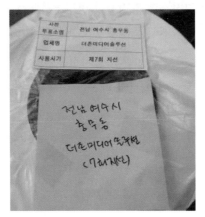

2018년 제7회 지방 선거에 사용한 롤용지

　위 감정대상 투표지와의 비교 대상으로, 원고·피고 소송대리인의 참여 하에 ① 선거일 당일 투표지와의 비교를 위하여 연수구선거관리위원회가 이 사건 선거를 위하여 인쇄하였다가 사용하지 않고 보관 중이던 잔여투표용지 10장을 제공받았고, ② 피고가 감정대상 투표지가 발급된 각 사전 투표소에서 사전투표 당시 사용되었다가 보관 중인 것이라고 제공한 총 39종의 사전투표용 롤(roll)

용지와 투표용지 발급기를 이용하여 롤용지 당 10매의 사전투표용지를 출력하여 감정인에게 제공하였다.

원고는 피고가 제공한 롤용지의 출처가 불분명하다고 주장하고, 이를 비교대상 투표용지로 삼는 것에 의미가 없다고 주장하였다. 그러나 을제58호증, 제61호증, 제62호 증의 각 기재에 변론 전체의 취지를 종합하면, 중앙선거관리위원회는 이 사건 선거에 사용될 투표용지의 소요량, 요구되는 투표용지의 색도 등에 관하여 투표용지 제조회사에 협조공문을 보내고(이 사건의 경우 한솔제지 주식회사, 무림페이퍼 주식회사), 위 각 회사는 이에 따라 제작된 원지를 선거일 투표용지 인쇄업체 또는 롤용지 가공업체에 제공하여 당일투표용지 또는 투표용지 발급기에 투입될 롤용지가 생산되며, 각 구·시·군위원회가 인쇄업체 또는 롤용지 가공업체와 계약함으로써 당일투표용지 및 롤용지를 공급받게 된다. 이와 같이 사전투표용지 발급기에 투입되는 롤용지를 포함한 투표용지는 최종적으로 구·시·군위원회가 작성하여 교부하는 것이므로, 감정대상 투표지가 진정한 투표지인지를 판단하기 위한 비교대상이 되는 투표용지를 피고 또는 해당 투표지가 발급된 사전투표소에서 보관한 투표용지로 하는 것에 논리적으로 문제가 있다고 보이지 않는다. (판결문 p.25)

차. 법원은 일본 엡손(EPSON) 본사에 사실조회 발송을 거부하고 우정사업본부는 배송기록에 대한 사실조회 회신을 거부함

원고는 인터넷에 공개된 배송기록 조회를 통해 연수구 관외사전투표 등기 우편 배송기록의 이상성을 규명하여 법원에 제출한 바 있다. 원고는 우정사업본부에 대해 인터넷에 공개되어 있는 해당 배송기록 조회 화면에 대해 공식적인 자료 제출을 신청하여, 법원이 사실조회 공문을 두 차례 보내고 그 회신을 여러 차례 독촉했지만, 우정사업본부는 단 하나의 자료도 법원에 제출하지 않았다.

원고는 2021년 11월 23일 배춧잎투표지, 인쇄 여백이 좌우로 쏠린 투표지 등에 대해서 일본 엡손 본사에 대해 이러한 투표지들이 출력 가능한지 여부와 어떤 조건에서 가능한지를 묻는 사실조회서를 일본어로 작성하여 법원에 제출하였으나, 대법원은 아무런 이유를 밝히지 않고 사실조회서 발송을 거부하였다. 게다가 한국엡손사에 대신 보낸 사실조회 회신 내용조차 법원은 왜곡하여 인용하였다.

사 실 조 회 신 청 서

사	건	2020수30 국회의원선거무효	[담당재판부:특별2부(자)]
원	고	민경욱	
피	고	인천 연수구 선거관리위원회 위원장	

위 사건에 관하여 원고 소송대리인은 그 주장사실을 입증하기 위하여 다음과 같이 한국 엡손(주)에 대한 추가사실조회를 신청합니다.

사실조회촉탁의 목적

우선, 지난 한국엡손 주식회사에 대한 사실조회신청에서 21대 총선의 사전투표용지 인쇄에 사용된 엡손 프린터의 제품명은 TM-C3400 프린터입니다. 'TM-C400'은 'TM-C3400'오타임을 분명히 합니다.

지난 사실조회신청에 추가하여, 21대 총선의 사전투표용지 인쇄에 사용된 엡손 TM-C3400 프린터와 관련하여, ① TM-C3400 잉크헤드 노즐폭(인쇄피치)은 몇 mm인지? ② TM-C3400 잉크헤드와 동일한 잉크헤드를 사용하는 엡손 프린터로는 어떤 모델이 있는지? ③ 타 회사가 TM-C3400 잉크헤드를 엡손으로부터 구입하여 산업용프린터에 적용하고 있는 회사가 있는지, 있다면 그 회사에서 TM-C3400 잉크헤드를 적용하여 생산하고 있는 산업용프린터의 모델명은 무엇인지? ④ TM-C3400 프린터로 인쇄한 출력물과 귀사에서 TM-C3400 잉크헤드와 동일한 잉크헤드를 사용하는 다른 제품으로 인쇄한 출력물의 인쇄결과물을 구분방법이 있는지?, ⑤ 엡손사의 순정 잉크 'SJIC29P'의 경우, blue, red, yellow 각 잉크의 주요성분과 그 성분비율은 어떻게 되는지, TM-C3400에서 'SJIC29P'잉크의 blue, red, yellow색을 이용하여 black색상을 프린트할 경우 black색상을

사실조회기관의 명칭 및 주소

명칭 : 한국엡손 주식회사

주소 : (06235) 서울 강남구 테헤란로 134, 10층(역삼동, 포스코타워역삼)

사실조회사항

가. TM-C3400 잉크헤드 노즐폭(인쇄피치)은 몇 mm인지?

나. TM-C3400 잉크헤드와 동일한 잉크헤드를 사용하는 엡손 프린터로는 어떤 모델이 있는지, 해당 모델명을 알려주시기 바랍니다.

다. 타 회사가 TM-C3400 잉크헤드를 엡손으로부터 구입하여 산업용프린터에 적용하고 있는 회사가 있는지, 있다면 그 회사명과 그 회사에서 TM-C3400 잉크헤드를 적용하여 생산하고 있는 산업용프린터의 모델명은 무엇인지 알려주시기 바랍니다.

라. TM-C3400 프린터로 인쇄한 출력물과 귀사에서 TM-C3400 잉크헤드와 동일한 잉크헤드를 사용하는 다른 제품으로 인쇄한 출력물의 인쇄결과물을 구분방법이 있는지를 알려주시기 바랍니다.

마. 엡손사의 순정 잉크 'SJIC29P'의 경우, blue, red, yellow 각 잉크의 주요성분과 그 성분비율은 어떻게 되는지, TM-C3400에서 'SJIC29P'잉크의 blue, red, yellow색을 이용하여 black색상을 프린트할 경우 black색상을 만들어내기 위한 삼원색의 조성비율은 어떻게 되는지 여부를 사실조회하고자 합니다.

한국엡손사에 발송한 뒤 법원에 제출한 사실조회신청

---

4. ①첨부된 사진과 같은 소위 배춧잎 투표지(비례투표용지가 지역구투표용지에 중복 인쇄된 투표지)와 측면 여백이 없는 투표지가 엡손 **TM-C3400**프린터로 프린트 가능한지, ②프린트가 가능하다면 어떠한 방식으로 프린트되는 것인지, ③재현하여 제출이 가능하다면 법원에 제출할 것

※측면 여백이 없는 투표지와 관련하여, 좌우 여백이 동일하게 **0.5cm**가 유지된 상태로 정중앙에 인쇄되도록 프린터의 락업 버튼이 고정되어 있는 경우와 고정되지 아니한 경우를 나누어 답변할 것

회신 :
소위 '배춧잎 투표지(중복인쇄)로 불리는 투표용지' 및 '측면 여백이 없는 투표지'에 대해서는, 프린트 운용 과정에서의 설정방법이나 사용환경 등에 따라 다양한 프린트 결과물이 도출될 수 있기 때문에, 그 발생 가능성이나 재현 가능성에 대하여 말씀드리기 어렵습니다.

이상 투표지 출력 가능성을 묻는 사실조회신청에 대한 한국엡손사의 회신
이해를 돕기 위하여 노란색으로 강조하였다.

판결문이 한국엡손사의 회신내용을 왜곡한 부분은 다음과 같다. 한국엡손사는 배춧잎투표지와 측면 여백이 없는 투표지가 선관위에 납품한 자사 프린터로 출력 가능한가에 대해 "그 발생 가능성이나 재현 가능성에 대하여 말씀드리기 어렵습니다."라고 답하였다.

그러나 판결문에서 "사실조회 회신 결과에 따르면"이라고 쓰면서도 "색상이 다소 달라질 수 있다"라는 사실조회 회신 내용에 없는 말이 쓰여있다. "가능성에 대하여 말씀드리기 어렵습니다"가 "다소 달라질 수 있다", 즉 '가능합니다'로 둔갑한 것이다.

> ② 감정인의 감정 결과에 더하여 한국엡손 주식회사에 대한 사실조회회신 결과에 따르면, 사전투표용지를 출력하는 투표용지 발급기는 엡손에서 제작한 잉크젯 라벨프린터(TM-C3400)이고, 검은색은 청색, 적색, 노란색을 조합하여 출력하게 되는데, 잉크 노즐의 상태 또는 잉크의 상태에 의하여 색상이 다소 달라질 수 있다. 따라서 투표용지의 인쇄 부분 중 일부에 검은색이 아닌 다른 색이 나타난다는 사정만으로는 해당 투표지가 정규의 투표용지에 기표된 것이 아니라고 단정할 수 없다. (판결문 p.27)

카. 재검표장에서 늘어난 300장의 관외사전투표에 대한 '재검증 / 재계수'가 실시되지 않음

연수을 재검표 검증 결과 294장의 일장기투표지를 포함하여 총 322장이 유효표에서 무효표로 번복되었다. 그 결과 개표일 발표된 숫자에 비해, 정일영 후보는 128표, 이정미 후보는 48표가 줄어들었다. 그런데 민경욱 후보는 오히려 151표가 늘었다. 무효표로 분류된 일장기투표지 중에는 민경욱 후보에 기표한 것들이 있는데 어떻게 표가 늘어날 수가 있을까?

민경욱 후보의 늘어난 표를 추적한 결과 300표의 관외사전투표 수가 이유 불명으로 증가한 것이 밝혀졌다. 원고는 이에 대해 재보관된 관외사전투표를 재검증·재계수하여 투표지 총수의 이상 증가에 대해 그 실상을 정확히 규명하자고 했고, 피고 선관위도 이에 동의하였다. 그러나 법원은 재검증·재계수를 실시하지 않았다.

대법원은 이를 법원의 계수 착오라고 판결문에 기재했는데, 재검표 역사상 300표는커녕 단 1표도 법원의 계수 착오로 인정된 사례가 없었다.

> 이 법원이 재검표하여 집계한 결과, 다른 후보자의 유효투표수와 무효투표수는 개표 결과와 거의 동일하나 원고의 유효투표수가 4,760표로 집계되어 피고의 개표 결과와 300표의 차이가 있기는 하다. 피고가 공표한 이 사건 선거의 총 관외사전투표 선거인 숫자는 12,957표로 만일 원고의 유효표 숫자가 이 법원이 집계한 결과와 같이 4,760표였다면 총 관외사전투표 수량은 13,248표(기권 9표 제외)가 되고, 이는 공표된 관외사전투표 선거인의 수보다 약 300표를 초과한 수치이다. 그런데 위 검증절차에서 투표지 분류기를 이용하여 투표지의 이미지를 생성하는 절차를 같이 진행하였고, 이때 생성된 관외 사전투표의 투표지 이미지 파일은 총 12,923개임은 객관적으로 명백한 사실로, 이는 피고가 공표한 관외사전투표 선거인 숫자에 가깝다. 이를 고려하면 법원이 확인한 원고의 관외사전투표 투표수는 수작업에 의한 집계상 오류에 의한 것으로 파악된다. (판결문 p.37)

타. 통합선거인명부 제출을 거부하다 인적사항을 원고측이 확인할 수 없도록 수정한 명부를 제출함

사전투표자 수를 확인할 수 있는 유일한 자료인 통합선거인명부는 중앙선관위의 서버 내에서만 존재하므로 눈으로 보거나 종이로 인쇄하여 확인할 수 없다. 사전투표소에는 당일투표소와 달리 종이로 만들어진 선거인명부가 없어 해당 사전투표소에서 몇 명이 투표를 했는지 확인할 방법이 없다. 지역선관위는 사전투표자 수를 집계하지 않으며, 중앙선관위가 중앙선관위 서버를 통해 사전투표율 집계를 하여 그 결과를 중앙선관위가 발표하고 지역선관위에 알려주는 식이다.

원고는 통합선거인명부 서버에 대한 포렌식 감정이 필요하다고 소송 최초 단계에서부터 문제제기하고 법적인 절차를 진행하였으나 법원은 시종일관 이를 거부하였다.

이번 2024년 비상계엄에서도 계엄군이 점검하고자 했던 곳이 통합선거인명부 관련 서버였고, 국정원은 작년 선관위 선거시스템 보안점검 후 사망자나 허무인(존재하지 않는 사람의 가짜 인적사항)이 투표하게 할 수 있고, 투표한 사람을 안한 사람으로, 투표 안한 사람을 투표한 사람으로도 바꿀 수 있다고 통합선거인명부에 대한 충격적인 사실을 폭로하기도 했다.

통합선거인명부를 유일하게 확인한 것이 민경욱 의원의 연수을 선거무효소송 사건이었다. 선거소송의 법정기한인 180일이 더 지나 열린 첫 기일에서부터 원고는 통합선거인명부 조사의 중요성을 거듭 역설하였다. 이에 대하여 피고는 2020년 말경 통합선거인명부를 USB에 담아 법원에 제출하였다고 주장했는데, 법원은 이에 대한 원고의 열람을 허용하지 않았다.

대법원은 결국 소송이 제기된 지 1년 반이 지난 시점에야 원본성이 확인되지 않는 편집본으로, 이름과 주소가 삭제되어 사실확인이 불가능한 버전으로, 게다가 서류상의 검증을 하기도 어렵도록 엑셀 파일이 아닌 피디에프(PDF)파일 형식으로 변환한 통합선거인명부 사본을 원고에게 교부하였다.

해당 편집본 통합선거인명부 사본을 어렵게 확인해본 결과 인천 연수을 통합선거인명부에는 100세 이상이 30명 있는 것으로 확인이 되었는데, 2020년 3월 31일 기준 행안부 주민등록시스템상 인천 연수을의 100세 이상 인구수는 21명이었다. 즉 통합선거인명부는 주민등록시스템과 다른 인원이 포함되어 있으며 특히 1903년생인 117세 여성까지 통합선거인명부에 올라 있다는 등의 사실을 확인하였다. 2020년 세계 최고령자는 117세의 일본인이었다는 기사로 볼 때, 통합선거인명부에 사망자나 유령인이 올라 있다는 의심을 지울 수 없다.

투표구명	동재번호	주소	세대주	성별	생년월일	성명	투표용지 수령인		비고
							(가)	(나)	
		[옥련1동제1투]							
옥련1동제1투				남	1970				
옥련1동제1투				남	1996		사전투표자 2020.04.10. 연천읍		
옥련1동제1투				남	1951		사전투표자 2020.04.10. 옥련1동		
옥련1동제1투				남	1970				
옥련1동제1투				여	2000				
옥련1동제1투				여	1958				
옥련1동제1투				여	1976				
옥련1동제1투				여	1981				
옥련1동제1투				여	1954				
옥련1동제1투				여	1977		사전투표자 2020.04.10. 옥련1동		
옥련1동제1투				여	1950		사전투표자 2020.04.10. 옥련1동		

선관위가 제출한 PDF 형식의 통합선거인명부 사본
이름과 주소가 없어 실제 투표 여부 확인이 불가능하다.

원고는 통합선거인명부에 기재된 사람들의 실제 투표 여부 확인을 위해 샘플 검사 방식(투표구 한 곳을 샘플로 정해 투표자 한명, 한명을 확인하는 방식)을 법원에 수차례 제안하였으나, 법원은 이를 전혀 고려하지 않았다. 대법원은 이름과 주소 등 개인정보가 제외되어 실제 투표 여부를 확인할 수 없는 자료를 주고서, 원고가 자료를 교부받았음에도 실제 투표 여부를 조사해서 주장하지 않았다며 원고의 태만을 질책하는 말을 판결문에 기재하였다.

> 또한 이 법원은 2021. 7. 8. 피고에게 투표자를 특정할 수 있는 개인정보를 제외한 통합선거인명부를 제출할 것을 명하여 피고가 이를 제출하였고, 원고에게 위 통합선거 인명부와 각 투표소에서 사용한 선거인명부를 열람할 수 있는 기회를 제공하였다. 원고는 위 통합선거인명부 또는 선거인명부에서 100세 이상의 고령자 등 주민등록명부와 일치하지 않는 등 선거인명부가 진실하지 않다는 사정을 발견하였다고 주장한다. 그러나 위와 같은 사정은 이 사건 선거의 실시와 관련하여 선거관리에 일부 미흡한 점이 있었다는 징표를 넘어 부정선거라는 선거무효사유의 존재를 증명할 수 있는 사유에 해당한다고 단정하기 어려울 뿐만 아니라, 원고가 주장하는 2020. 3. 31. 기준 주민등록 시스템상 고령자 숫자에는 피고의 주장처럼 선거인명부 작성일을 기준으로 주민등록사항이 정리되지 않았거나 선거인명부에 등재되는 거주불명 등록자가 포함되지 않았을 가능성을 배제할 수 없고, 그 밖의 여러 원인으로 일부 주민등록시스템상의 인구수와 선거인명부상의 선거인의 숫자가 달라졌을 가능성 역시 배제하기 어렵다. 원고는 통합 선거인명부와 선거인명부를 모두 열람한 이상 그 주장과 같이 이례적으로 고령인 선거인이 선거인명부에 등재되어 있는 것에서 더 나아가 실제 투표를 하였는지 여부까지 확인할 수 있었을 것인데, 이에 대하여는 아무런 주장과 증명도 없다. (판결문 p.41)

파. 단 두 번의 증인신문, 그나마 나온 증언조차 무시한 대법원

이 소송에서 증인신문은 단 2회, 문제된 2개 투표소의 투표관리관 두 명에 대해 각각 실시되었다. 두 증인의 증언은 배춧잎투표지와 일장기 투표지를 각각 보지도, 듣지도, 보고받지도 못했다는 것으로서 진실규명에 의미가 큰 증언이었다.

통상의 재판은 1심, 2심을 거쳐 3심 단계에서 대법원에 올라오기에 대법원의 재판은 서류심을 원칙으로 한다. 하지만 선거소송의 경우는 대법원 단심제이기 때문에 대법원이 사실심적 성격을 겸할 수밖에 없고 따라서 증인신문에 대해 보다 적극적인 자세를 가져야 한다. 더구나 실시된 증인신문을 통해 진실규명에 중요한 증언이 속출하는 상황이라면, 그 실체를 캐기 위해 보다 적극적으로 증인신문 등 증거조사를 실시할 필요가 있었다. 그러나 대법원은 이 선거소송에서 증인신문을 두 번 실시한 것도 많이 한 것이니 더 이상의 증인신문은 허용할 수 없다는 태도로 일관하고, 그 증인신문 내용마저도 일체의 반증 없이 부정해 버려 다만 요식행위로 증인신문을 진행한 것이라는 의혹을 벗어나기 어렵다.

하. 강제수사가 전혀 이루어지지 않는 상태에서 원고에게 범행 주체와 방법의 특정을 요구함

대법원은 연수을 선거소송 기각 판결 이유에서, 수사권과 조사권이 없는 원고가 부정선거범죄를 육하원칙에 따라 구체적으로 다 밝혀 주장해야 한다고 했다. 권력형 부정선거에 문을 활짝 열어준 사법부의 무책임한 판결이라 하지 않을 수 없다.

대법원 판결은 원고가 부정선거의 주체, 시기, 방법에 대해 입증하지 못했다고 지적한다. 그러나 수사권과 조사권을 갖지 못한 원고가 어떻게 부정선거 범죄자를 특정하고, 그 범죄의 소상한 경위를 다 밝혀낼 수 있는가? 이런 기준을 판례로 정립하는 것은 향후 권력형 부정선거에 미리 면죄부를 주는 일에 다름 아니다. 또한 선거소송으로 이를 견제하도록 한 헌법적 기획을 폐기처분한 폭거에 해당한다.

> 다) 원고의 이 부분 주장도, '성명불상의 특정인'이 투표지 분류기 등의 조작을 통해 개표 결과를 조작한 다음, 이 사건 소송에 대비하여 다시 일부 관내사전투표지와 당일 투표지를 다량 위조하여 피고가 보관 중인 투표지와 교체하였다는 취지인데, 원고가 들고 있는 사정이나 증거들만으로는 그와 같은 투표지의 <u>위조·교체 사실의 존부는 물론 누가, 언제, 어떠한 방법으로 투표지를 위조·교체하였는지를 전혀 알 수 없다</u>는 점에서도 이 부분 원고의 주장은 받아들일 수 없다. (판결문 p.42)

거. 입증책임의 합리적인 분담을 거부하고 원고에게 불가능한 입증 책임을 부담케 한 뒤 입증 부족으로 패소시킴

법원이 범죄적인 부정선거 주장에 대해 수사 진행 없이 원고에게 전적인 입증책임을 요구하면, 수사권을 갖지 못한 원고가 늘 패소할 수밖에 없다. 증거가 압도적으로 피고의 수중에 장악되어 있을 때(증거의 편재偏在), 공해소송, 의료소송, 행정소송 등에서 입증책임의 분담 법리가 발전해 왔다.

이러한 법리를 적용하면 원고가 부정선거의 개연성을 입증했을 때, 피고 선관위는 반증을 제시해야 한다. 부정이 없었거나 최종 결과에 영향을 미칠 만한 수준의 작용이 없었음을 피고가 입증해야 하는 것이다. 피고의 입증이 부족할 경우, 입증책임의 미흡으로 피고 패소를 선고할 수 있다. 이는 선관위에 경종을 울려 부정선거를 예방하고, 공정관리의 증거를 철저히 수집하며, 사후 감사를 정착시켜 부정선거 논란을 불식시키는 방향으로 제도 개선을 촉진할 수 있었다. 나아가 이는 4.15 부정선거 의혹 진실 규명을 위한 특별조사 또는 특검 발의의 기초가 되었을 것이다.

부정선거의 주체, 일시, 장소, 실행 방법 등에 관한 구체적 주장과 함께 이를 뒷받침하는 증거가 제출되어야 한다고 판결문에 쓰고 있는데, 수사권을 가진 피고에게는 반증 책임조차 부과하지 않고 수사권을 갖지 못한 원고에게 범죄 입증을 요구하는 것은 국가의 기본권 보호 의무에 반하는 반헌법적인 인권침해이다.

더구나 법원은 원고에게 해킹, 전산 조작 등의 디지털 범죄를 밝힐 최적의 통로가 되었을 서버 증거조사와 관련하여 1단계인 증거보전, 이미징 절차조차 2년 간이나 원천 차단해 왔다. 법원이 증거보전을 미루는 동안 피고는 서버의 전원을 내리고 해체 이전하여 증거 인멸·은폐를 위한 큰 계기를 갖게 되었고, 각종 전산장비에 남은 원본 파일들마저 다 삭제하였을 것으로 추측된다.

이와 같은 선거소송의 성격과 그 결과의 중대성, 공직선거법에 규정된 선거관리 체계 및 절차 등에 비추어 보면, 선거의 결과에 이의를 제기하여 법원에 소송을 제기하는 사람은 선거에 관한 규정에 위반된 사실에 관하여 그 위반의 주체,

시기, 방법 등을 구체적으로 주장·증명하거나 적어도 선거에 관한 규정에 위반된 사실의 존재를 합리적이고 명백하게 추단할 수 있는 사정이 존재한다는 점을 구체적인 주장과 증거를 통하여 증명할 것이 요구된다. 이와 달리 선거 관련 규정에 위반되었다는 사실과 구체적·직접적으로 어떠한 관련이 있다는 것인지 알기 어려운 단편적·개별적인 사정과 이에 근거한 의혹만을 들어 선거소송을 제기하여 그 효력을 다투는 것으로 선거무효사유의 증명책임을 다하였다고 볼 수는 없다. (판결문 p.4)

선거에 관한 규정에 위반된 사실이 인정되려면, 행위자뿐만 아니라 위반된 사실이 일어난 일시, 장소, 행위의 실행 방법 등에 관한 구체적 주장과 함께 이를 뒷받침하는 증거가 제출되어야 한다. (판결문 p.6)

결국, 이 사건 선거에서 선거에 관한 규정이 구체적으로 어떻게 위반된 것인지에 대한 원고의 주장과 증명이 없는 상태에서, 선거 결과 나타난 부분적 통계를 편면적으로 해석한 후, 이를 근거로 이 사건 선거를 포함한 전국적인 선거 과정에 선거 부정이 있었던 것으로 보아야 한다는 원고의 주장은 선거소송에 관한 증명책임의 법리상 받아들일 수 없다. (판결문 p.18)

부정선거의 물증들

3. 부정선거의 물증들

가. 개요

인천 연수을 재검표 현장에서는 진정한 투표지로 볼 수 없는 이상 투표지들이 대량으로 나타났다. 송도2동 제6투표소 당일투표는 1,974매 중 1,000매 이상이 투표관리관의 인장이 뭉개진 '일장기투표지'였다. 재검표 대상 표를 담는 바구니 안에는 신권다발, 새로 뜯은 A4용지처럼 빳빳하고 구김없는 투표지들이 수없이 담겨 있었다. 송도4동 사전투표에서는 지역구 투표지 하단에 비례대표 투표지 상단 관인과 3번 칸이 중복 인쇄된 '배춧잎투표지'가 나타났다. 본드풀이 너무 많이 묻어 투표지 두 장이 서로 뗄 수 없이 붙어버린 투표지, 투표지 상단이 서로 연결되어 뚝 소리가 나면서 떨어지는 투표지도 출현했다.

감정에 회부된 당일투표지 20장 전체의 종이 특성은 비교대상 투표용지의 종이 특성과 완전히 다른 것이었음이 밝혀졌다. 그 종이 특성은 선관위 납품회사인 한솔, 무림의 계약서에 명기된 종이 특성과도 물론 다른 것이었다.

판결문의 세부에서는 궤변이 난무했다. 본드풀이 떡칠되어 서로 붙어 있는 투표지, 상단이 붙어 있다가 뚝 소리가 나면서야 떨어지는 투표지들이 재검표 현장에 출현했는데, 판결문은 정전기나 회송용 봉투의 풀기가 묻어서라고 보고 있다. 해당 사진과 동영상이 말살될 수 없을진대 천 년이 흘러도 그 변명은 우스갯감으로 여겨질 것이다.

나. 일장기투표지

재검표 당일 새벽, 일장기투표지가 우르르 나왔을 때, 천대엽 대법관은 인영이 뭉그러진 투표지 천여 장을 모두 무효표로 계산했었다. 그러다 한두 시간 후 그 천여 장의 투표지를 다시 꺼내더니 뭉개진 관리관 인영에서 한 글자라도 식별이 가능한 것은 빼라고 지시했다. 이런 과정 끝에 한 글자도 읽을 수 없는 294표가 최종적으로 무효표로 분류되었다.

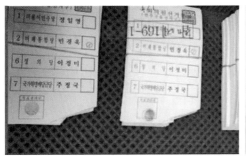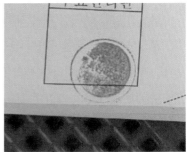

연수을 재검표 현장에서 나온 일장기투표지
투표관리관의 인영이 뭉개진 상태가 뚜렷이 보인다.

누가 이런 인영을 찍었는지, 이런 인영이 찍힌 투표지에 실제로 투표를 한 사람이 있는지는 아직 아무도 모른다. 1,974장 중 1,000장 이상 투표관리관의 인영이 뭉개진 일장기투표지가 나온 투표소의 투표관리관과 도장을 찍었던 두 명 중 하나인 투표사무원이 모두 이런 투표지를 본 적도 들은 적도 없다고 증언했고, 선관위는 찍은 사람은커녕 봤다는 사람의 진술서 한 장조차 제출하지 않았기 때문이다.

원고 대리인 변호사의 증인 황현일(투표관리관)에 대한 신문

문 증인은 2020년 4월 15일 투표관리를 하면서 실제로도 이와 같이 뭉개진 형태의 인영이 찍힌 투표지를 본 사실이 없었지요?

답 예, 본 기억이 없습니다.

문 당시 이런 투표지가 나왔다는 이야기를 듣기라도 하신 기억이 있으신가요?

답 잘 기억나지 않습니다.

문 없습니까, 기억이 안 나십니까? 투표관리를 하시면서 이런 투표지가 나왔다는 말을 들은 적이 있으세요, 없으세요?

답 저렇게 '뭉개진 게 있다'라고 들은 기억은 없습니다.

문 선거인이나 참관인이 투표장에서 이러한 이상한 투표지가 발급되었다면서 항의하는 등의 문제는 발생하지 않았지요?

답 예, 발생하지 않았던 것으로 기억합니다.

문 투표록에도 이러한 기록을 한 사실이 없지요?

답 없었던 것으로 기억합니다.

재판부의 증인 황현일에 대한 신문

문 재판부에서 몇 가지 물어보겠습니다. 증인은 투표관리관으로서 선거관리위원회로부터 투표관리관 도장을 몇 개 인수했습니까?

답 기억으로는 <u>한 개 인수한 것으로 기억합니다.</u>

문 그 투표관리관 도장 한 개를 가지고 증인이 직접 투표관리관란에 날인을 하지 않고 선거사무원 두 사람한테 증인을 대신해서 날인하도록 조치했었다라는 말인가요?

답 예.

문 그러면 투표관리관 인장이 뭉개진 투표지가 제6투표소에서 나왔다라는 사실을 증인은 언제, 어떤 경위로 최초로 알게 되었나요?

답 잘 기억은 나지 않습니다만 <u>작년에 언론 보도되면서 알았는지, 아니면 선거계장님하고 통화하면서 알았는지</u> 그 시기 때쯤 알았습니다.

문 증인이 그와 같이 제6투표소에서 뭉개진 투표관리관 인장이 날인된 투표지가 나왔다라는 것을 알고 나서 <u>실제 투표관리관 날인행위를 한 투표사무원 두 사람한테 물어본 일은 있습니까?</u>

답 제가 전화번호를 정확히 잘 몰라서 일단 한 분에게는 물어봤습니다. 한 분은 어떻게 전화번호를 알게 되어서 물어봤는데, <u>이런 것을 본 기억이 없다라고 이야기하셨습니다.</u> 두 분 다 통화는 못 했고 한 분만 통화했습니다.

문 한 분하고 했는데 그 사람 대답의 내용이 무엇인가요.

답 <u>이런 것에 대해 본 기억이 없다라고 들었습니다.</u> 그런데 제가 사진을 전송하고 그러지는 않았습니다. 그냥 말로 뭉개진 인영이 나왔다라고 하는데 혹시 보신 기억이 있나라고 물어봤더니 본 기억이 크게 없다.

문 1,974장 중에 1,000장이 이렇게 나왔다면 하루 종일 했던 것의 반이 넘는데요. <u>그렇게 찍기 위해서는 시간이 얼마나 걸렸을까요?</u>

답 그것은 제가 정확히 모르겠지만 두 분이서 하시는데, 물론 점심시간 교대도 있겠지만 <u>평소 한 분은 찍고 한 분은 번호표를 뜯어서 나눠드리는데 하루 종일 바빴습니다.</u>

문 하루 종일 걸렸을 것이다?

답 이게 그냥 단순히 막 찍는 게 아니라 찍고 확인하고 나눠주고.

그럼에도 판결문은 "선거인들이나 참관인들이 이의를 제기하지 않은 이상 투표관리관이 이를 인지하지 못했을 것"이라 썼다. 이렇게나 눈에 띄고 많은 수량의 이상 투표지에 대해서 "선거인이나 참관인의 이의제기가 없었다"는 것은 투표장에 일장기투표지가 없었다는, 투표장에서 만년도장을 스탬프에 찍은 사람이 없었다는, 뭉개진 인영으로 투표한 사람이 없었다는 결론을 내릴만한 사정이다.

대법관들은 정말로 어떤 투표사무원이 하루 종일 1,000장이나 시뻘건 인영을 투표지에 찍었다고 생각한 것일까? 대법관들은 정말로 투표장을 지켰던 모든 관리원, 참관인, 투표인이 이 일장기 같은 인영에 무심했다고 생각하는 것일까? 이런 일이 가능하다는데 한 점의 의심이 없다는 듯 선관위의 주장을 그대로 믿어주고, 그리고 판결문은 선관위의 말을 근거로 "위와 같은 형태의 투표지가 존재한다는 사실 자체만으로 다량의 투표지가 위조되었다고 추단할 만한 정황에 해당한다고 보기 어렵다"고 썼다.

투표를 관리한 피고 선관위는 이런 투표지를 보았다는 단 한 사람의 진술도 내놓지 못했다. 두 장 중 한 장 꼴(송도2동 제6투표소 당일투표

총 1,974매 중 1,000장 이상)로 인장이 뭉개져도 투표사무원은 계속 만년도장에 스탬프를 묻혀 찍고, 때론 묻히지 않고 찍으며, 아무도 이에 대해 문제를 제기하지 않고 계속 투표와 개표가 이루어졌다고 대법원은 쓰고 있다.

> 이처럼 위 투표소에서 투표관리관인이 뭉개져 찍힌 투표지가 다량 발견되었고, 그 중 이 법원이 육안으로 확인하여 투표관리관인의 확인이 어려울 정도에 이른다고 판정한 것은 총 294표이며, 나머지 투표지는 투표관리관인을 식별할 수 있는 상태였고 무효표로 판정된 투표지도 현미경으로 관찰한 결과 상당 부분 투표관리관인 인영이 추가로 확인되었으며, 위 투표지가 비교대상 투표용지와 동일한 용지에 인쇄된 것으로 볼 수 있음은 앞서 살핀 바와 같다. 또한 을제68호증의 기재, 제69호증의 영상에 의하면, 투표소에 제공되는 투표관리관인은 자체 잉크가 주입되어 있는 소위 만년도장 형태로 제작된 것이지만, 이와 별도로 적색 스탬프도 비품으로 제공되는 사실, 투표관리관인에 스탬프의 잉크를 묻혀 날인하는 경우 송도2동 제6투표소에서 발견된 투표지와 유사한 형태의 인영이 현출되는 사실을 알 수 있다. (판결문 p.32)

> 이러한 사정에 비추어 보면, 비록 위와 같이 투표관리관인이 뭉개져 날인된 투표지가 존재하였더라도 선거인들이나 참관인들이 이에 대하여 특별히 이의를 제기하지 않은 이상 투표관리관이 이를 인지하지 못하거나 그 사실을 투표록에 기록하지 않은 것이 이례적이라고 보이지 않는다. 오히려 위 투표지는 정규의 투표용지에 투표관리관인을 찍는 과정에서 인영이 뭉개진 결과일 가능성을 배제할 수 없으므로, 이를 무효투표로 판정하여야 하는지 여부는 별

다. 신권다발투표지

아래 사진은 연수을과 남양주을 재검표장에 나타난 관내사전투표지 묶음 사진이다. 관내사전투표지는 봉투에 넣는 것이 아니라 투표함에 보통은 접어서 넣게 된다. 투표되고 대체로 접힌 뒤 투표함에서 뒤섞였다가 개표되어 낱장씩 전자개표기를 통과한 뒤 100장씩 한 묶음으로 정리되어 보관되었던 표들이, 어떻게 단 하나의 숨구멍도 보이지 않는 모습으로 재검표장에 나타날 수 있는지 의문을 가지지 않을 수 없다. 이 신권다발 같은 투표지들은 정상적인 투표지 묶음이 섞여 있는 다음 쪽의 사진과 확연히 구분된다. 연수을 등 6곳의 재검표장마다 이와 유사한 방식으로 상당한 숫자의 신권다발투표지가 나타났다.

재검표 현장에서 발견된 신권다발 같은 투표지들
좌: 인천 연수을   우: 남양주을

일반적 · 정상적인 개표 이후 투표지 묶음

　신권다발투표지가 출현한 배경은, 발표된 조작 수치와 실물 표가 일치하지 않기에 재검표에 대비하여 이를 맞추어야 하는데, 세부적인 보정보다 문제되는 통 전체를 갈아치우는 것이 오히려 간편할 수 있기에 가짜 투표지를 대량으로 급조하는 와중에 벌어진 일로 추측된다.

　같은 종류의 투표용지와 같은 종류의 잉크, 심지어 같은 종류의 프린터 기종으로 투표지를 위조할 수도 있다. 그러나 한 사람 한 사람 유권자의 고유한 손때가 묻은 각기 조금씩 다른 진정한 투표지의 외관을 대량으로 작출하기는 가장 어려운 범죄의 관문이었고, 도저히 완전범죄를 기할 수 없었던 지점이었을 것이다.

　판결문은 신권다발투표지라는 본질을 회피하고 의도적으로 '접힌 흔적이 없는 투표지'라는 말을 만들어 접힌 흔적이 있느냐 없느냐의 문제로 각도를 완전히 틀어버린다.

　본드풀이 떡칠되어 달라붙어 있거나 똑 소리나며 떨어지도록 붙어 있는 투표지들처럼 그럴듯한 해명을 하기 어려운 주제에 대해 판결문은 아예 말을 꺼내지 않는 꼼수를 택했다. 신권다발투표지의 경우는 참된 논점을 비껴가며 접힌 흔적이 없다는 가짜 논점을 내세운 뒤 '자세히 보니 접힌 흔적이 있는 투표지가 일부 존재하였다'라는 식으로 셀프로 문제를 설정하고 셀프로 논파하는 경우(이른바 허수아비 공격의 오류, A라는 물음에 대해 A'를 질문으로 상정하고 답을 하는 방식)이다.

> 나아가 2021. 6. 28.자 검증 결과 및 위 감정 결과에 변론 전체의 취지를 종합하면, 당일투표나 관내사전투표의 경우 선거인이 투표지를 접지 않은 채로 투표함에 투입하는 것이 가능해 보이고, 관외사전투표의 경우에도 이 사건 선거 지역구 사전투표용지에 인쇄되어 있는 후보자가 4명에 불과하여 접지 않고도 회송용 봉투에 투입할 수 있는 것으로 보인다. 더군다나 위 검증기일에 확인한 투표지는 개표 완료 후 유·무효별, 후보자별로 각 분류되고 100매 단위로 묶여 상당기간 증거보전이 되어 있었으므로 외관상으로는 투표지에 접힌 흔적이 잘 보이지 않을 수 있다. 원고가 '접힌 흔적이 없다'고 선별한 투표지 중 상당수에서 실제로는 접힌 흔적이 확인되었던 사정이 이를 뒷받침한다. (판결문 p.30)

  그리고 무엇보다 중요한 것은 선관위가 뻔뻔하게 대국민 거짓말을 했음이 만천하에 드러났음에도 대법원이 제 식구 감싸듯 이를 눈감아 주었다는 점이다. 다수의 국민들이 소위 '신권다발투표지'에 대해 의문을 제기하자 선관위는 2022년에 홈페이지 '팩트체크'란을 통해 투표지가 신권다발처럼 빳빳한 것은 '종이가 원상태로 회복하는 기능이 적용된 특수재질'을 사용했기 때문이라고 공식 해명을 하였다. 이에 원고는 '형상기억종이가 존재한다면 그 실물용지와 용지 공급계약서 및 특허등록증을 제시하라', '형상기억종이로 투표지를 제작하였다면 신권다발처럼 펴지지 않고 구겨진 구권다발의 모양으로 재검표장에 나타난 투표지는 어떻게 설명할 것인가', '만약 형상기억종이가 존재하지 않는다면 누가, 어떤 경위로 그러한 거짓 해명을 하게 되었는지, 그 담당자에 대해 어떤 조치를 하였는지 구체적으로 밝히라'고 수차례에 걸쳐 구석명(재판 상대방에게 물어달라고 재판부에게 요청함)을 하였다. 이에 대해 선관위는 묵묵부답으로 일관하였고, 투표용지 감정을 수행했던 신수정 교수는 '세상에 원상으로 회복되는 기능이 있는 종이는 존재하지 않는다'라고 분명히 진술하기까지 하였다. 그러나 재판부는 선관위에 대해 이에 관한 석명을 요구하지 않았다. 그 연장선상에서 재판부는 판결문에서 이 문제에 대한 언급 자체를 회피한 것이다.

더 놀라운 것은 선관위가 2024년 유명 남자 아나운서의 입을 빌어 또다시 '원상복원 기능이 있는 특수 재질을 사용'해서 신권다발 투표지가 나온 것이라고 한 공식 해명 영상을 홈페이지에 버젓이 올려놓았다가, 2024년 12월 비상계엄이 선포되고 '형상기억종이'가 국민들 사이에서 큰 이슈로 부각되자 슬그머니 이 영상을 삭제한 뒤 침묵하고 있다는 사실이다.

선관위 홍보 영상

선관위 홍보 영상

선관위 홍보 영상

이른바 '형상기억종이'에 대한 선관위의 공식 해명 영상
2024년 12월 계엄령 이후 슬그머니 삭제했다.

라. 배춧잎투표지

송도4동 사전투표소 투표관리관은 증인신문을 통해 배춧잎투표지에 대해 보지도, 듣지도, 보고받지도 못했다는 법정 증언을 내놓았다. 배춧잎투표지에 대해서도 피고 선관위는 이런 이상 투표지를 직접 교부했거나, 본 적이 있다는 진술서를 제출하지 못했다.

총 6곳의 재검표 중 3곳(연수을, 파주을, 남양주을)에서 각기 다른 형상의 배춧잎투표지 총 4장이 출현했다. 이렇게 흔한 배춧잎투표지가 왜 이번 대통령선거, 지방선거에서는 전국적으로 단 한 사람도, 단 한 장도 보았다는 사람이 없는가?

주심 천대엽 대법관은 재검표 현장에서 이 투표지를 발견하자 사진촬영조차 금지하고 바로 보관해버렸다. 원고 대리인 변호사들이 대법관을 따라가며 사진을 찍을 수 있도록 허락해 달라고 호소했지만 막무가내였다. 언젠가 특검 등의 계기에 천대엽 대법관에게 연수을 재검표에 관해 질문할 기회가 있다면, 왜 배춧잎투표지의 촬영을 막았는지 반드시 묻길 바란다. 이 투표지는 법원 목적물로 비공개되어 목격자의 진술에 따라 재구성된 그림이 알려졌다가 한참이 지난 후 그 사진이 공개되었다.

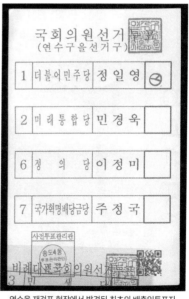

연수을 재검표 현장에서 발견된 최초의 배춧잎투표지

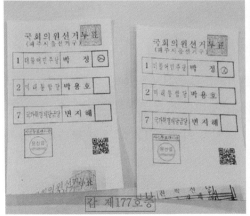
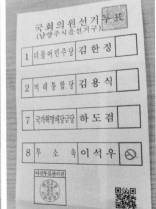

파주을 선거구에서 발견된 두 장의 배춧잎투표지   남양주을 선거구에서 발견된 배춧잎 투표지

위 형상과 같은 배춧잎투표지는 사전투표소에서 정상 출력될 수 없는 것으로, 선관위는 이와 같은 모양을 재현·출력하지 못했다. 사전투표지발급기에 사용된 엡손 프린터는 출력 속도가 빨라(초당 6cm), 먼저 배출된 지역구투표지를 프린터에 다시 밀어 넣어도 다음에 출력되는 비례투표지의 상단 관인 부위는 이미 인쇄되어 있고, 따라서 지역구투표지에 겹쳐 찍힐 수 없다.

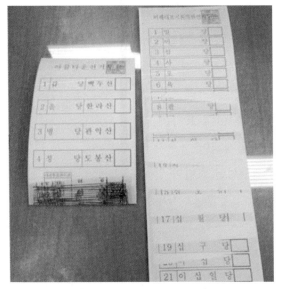

선관위가 제시한 영상에 나온, 억지로 만들어낸 배춧잎투표지

흰색의 지역구 투표지 위에 연두색의 비례대표 투표지 일부가 겹쳐서 출력된 이른바 배춧잎투표지에 대해서, 판결문은 "먼저 출력된 지역구투표지를 붙잡고 비례대표투표지를 출력할 때 지역구투표지를 발급기 안쪽으로 밀어넣어서 출력될 가능성이 있다"고 했다. 또한 "투표관리관이 보거나 들은 바 없고 개표록에도 기록되지 않았으나 선거인이 이의를 제기하지 않았다면 관리관이 알지 못할 수 있고, 실제로 유효 투표지로 처리, 분류되었다"고 했다. 한걸음 더 나아가 "사전 투표지를 위조했다면 굳이 이런 투표지를 만들어 문제의 소지를 남길 이유가 없다"고 했다.

말문을 막히게 하는 판단이다. 재판부가 원고 패소를 선고하면서 거론한 주요 사유가 "원고는 위법한 사실이 일어난 일시, 장소, 행위의 실행방법에 대한 증거를 제출하지 못했다"는 것이다. 그렇다면 이처럼 기괴하고 규격에도 맞지 않는 투표지들을 합리화하자면 피고 선관위로 하여금 이 투표지가 언제, 어떻게 실제로 투표된 것인지를 입증하라고 촉구했어야 할 것이다. QR코드가 찍혀 있는 사전투표지가 경기도 고물상에서 발견되었을 때 선관위는 즉시 언제, 어디서, 누가 투표했는지 밝혀낸 적이 있다. 재판부는 그렇게 할 수 있는 선관위에 왜 이 배춧잎투표지를 소명하라고 하지 않았는가.

배춧잎투표지에는 현상금 10억 원이 걸려있었다. 민경욱 전 의원 측에서 "배춧잎투표지에 투표한 사람에게 현상금 10억 원을 준다"는 신문광고까지 냈건만 나타난 사람이 아무도 없었다.

투표장에서도 개표장에서도 아무도 본 사람이 없고 만든 적도 없다는 증언이 나온 배춧잎투표지, 오직 재검표장에서 발견된 유령 투표지를 합법 투표지로 판단한 판결문은 선관위와 결탁한 대법관 3명이 쓴 기상천외한 넌센스일 뿐이다.

배춧잎투표지에 대한 피고 해명 영상의 허구성

다시 밀어 넣어서는 결코 상단의 관인이 찍히게 출력할 수 없다. 최종 변론기일에서 선관위가 배춧잎투표지가 생성되는 모습이라며 제시한 동영상을 꼼꼼히 보면 아래와 같이 5단계의 인위적 동작을 2초 안에 연속으로 행하는 것을 알 수 있다. 억지 조작 영상이다.

1. 먼저 나온 지역구투표지를 손으로 붙잡는다.
2. 배출구 위쪽으로 올려붙인다.
3. 비례대표투표지가 나오는 것을 지지대로 삼기 위해 잠시 기다린다.
4. 곧 지역구투표지를 아래로 내려 비례대표투표지에 밀착시킨다.
5. 지역구투표지를 배출구 안쪽으로 막 밀어 넣는다.

이렇게 해도 연수을의 배춧잎투표지처럼 오른쪽에 빨간 청인(廳印) 사각도장이 있는 비례대표투표지 상단부가 찍히게 하지 못한다. 이미 그 부분은 프린터 배출구 맞은편에서 인쇄되어 버렸기 때문이다. 이 모든 과정이 2초 안에 이루어진다. 인쇄 속도가 매우 빠른 이 프린터 내 용지의 이동 속도는 초당 6cm이고 지역구투표지를 폭 2mm의 좁은 용지배출구에 끼어 넣는 동안 비례대표투표지 상단부 '비례대표국회의원선거투표'는 아래 그림의 4번에서 보이듯이 이미 프린터 안에서 인쇄되어 있다.

1. 선관위 제공 '배춧잎 투표지 생성 영상'의 허구성

- 선거 사무원이 커팅된 투표용지를 비례대표 투표용지가 연속 출력되는 프린터의 배출구로 밀어 넣을 이유가 없다.

- 실수로 혹은 우연히 지역구 투표용지가 프린터의 배출구로 삽입되었더라도,

- 사전 선거용 프린터 TM-C3400의 프린팅 속도가 대단히 빨라서 '배춧잎 투표지'와 같은 형태는 인쇄될 수 없다.

- 우연히 삽입될 경우라도, 선관위가 제공한 영상에 표시된 형태로만 인쇄 될 수 있을 뿐 연수을 재검표에서 발견된 표와 같이 '비례대표 국회의원선거 투표'라는 상단부는 프린터의 속도 상 인쇄될 수 없다.

1. 선관위 제공 '배춧잎 투표지 생성 영상'의 허구성

- 선거 사무원이 커팅된 투표용지를 비례대표 투표용지가 연속 줄력되는 프린터의 배줄구로 밀어 넣을 이유가 없다.

- 실수로 혹은 우연히 지역구 투표용지가 프린터의 배줄구로 삽입되더라도,

- 사전 선거용 프린터 TM-C3400 의 프린팅 속도가 대단히 빨라서 '배춧잎투표지'와 같은 형태는 인쇄될 수 없다

- 우연히 삽입될 경우라도, 선관위가 제공한 영상에 표시된 형태로만 인쇄될 수 있을 뿐이다.

'비례대표국회의원선거투표' 부분은
프린터로 인쇄 불가능

'비례대표국회의원선거투표' 이외 부분
프린터로 인쇄 가능

2. 사전선거 투표용지 생성 프린터의 주요 프린팅 매커니즘

- 프린터 모델명 : EPSON TM-C3400 LABEL Printer
- 프린팅 매커니즘

  프린트 헤드 좌측으로 이동하며 25mm 인쇄

  → 롤용지 25 ~ 30mm 배출

→ 프린트 헤드 우측으로 이동하며 25mm 인쇄

→ 롤용지 25 ~ 30mm 배출

→ 프린팅 종료

→ 롤용지 자동 커팅

2. 사전선거 투표용지 생성 프린터의 주요 프린팅 메커니즘

- 프린터 모델명 : EPSON TM-C3400 LABEL Printer

- 프린팅 메커니즘 :

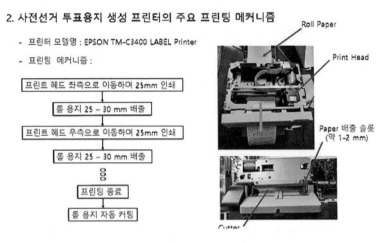

3. 지역 및 비례대표 투표 용지 연속 프린팅 속도/시간 분석

- 선관위 제공 영상의 속도 : 29.96 frame/sec로 1초에 약 30프레임 촬영됨

- 따라서 프레임 사이의 시간 간격은 1/30초로 약 0.033초임

* 비례투표용지 인쇄 속도 : 481mm/8초 = 60mm/초

* 지역투표용지 커팅 후 2.5초가 경과하면 비례 투표 용지는 80mm 정도 인쇄 완료
되어 배출된 상태임.

3. 지역 및 비례대표 투표 용지 연속 프린팅 속도/시간 분석

- 선관위 제공 영상의 속도 : 29.96 frame/sec로 1초에 약30 프레임 촬영됨
- 따라서 프레임 사이의 시간 간격은 1/30 초로 약 0.033초임

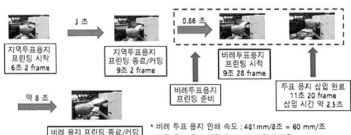

4. 지역 투표 용지가 커팅된 후 즉시 배출구로 삽입될 수 없는 이유

- 프린터의 투표 용지 배출구는 폭이 2mm 정도로 매우 좁으며,

- 지역투표용지는 롤 형태로 감겨 있던 것이 풀려서 커팅된 부분이 하부로 말리게 됨

- 말린 투표 용지를 밀어 넣을 경우 배출구 하부의 커팅 블레이드에 걸리게 됨

- 따라서, 아래 우측 사진과 같이, 비례투표용지의 머리 부분이 배출구로 배출 된 후에

- 지역투표용지가 비례투표용지에 안내되어 배출구로 삽입이 가능함

- 커팅 이후 1초 이내에,

- 비례투표용지에는 이미 '비례대표국회의원선거투표'가 인쇄됨

피고 선관위가 해명 영상에서 억지로 만들어 낸 형태 분석

을제67호증의 영상, 증인 지상훈의 증언에 변론 전체의 취지를 종합하면, 이 사건 선거는 지역구 선거와 비례대표 선거가 동시에 치러진 사실, 이에 이 사건 선거에서는 투표용지 발급기에서 지역구 투표용지가 출력된 후 곧바로 이어서 비례대표 투표용지가 출력되도록 하여 이를 한꺼번에 선거인에게 교부하는 방식으로 이루어진 사실이 인정된다. 이에 비추어 보면 먼저 출력된 지역구 투표용지를 붙잡고, 이어서 비례대표 투표용지가 출력되는 과정에서 지역구 투표용지 하단이 투표용지 발급기 안쪽으로 들어가는 경우에는 지역구 투표용지 하단에 비례대표 투표용지 일부가 겹쳐서 출력되었을 가능성이 있다.

한편 증인 지상훈의 증언에 의하면, 지상훈은 송도4동 사전투표소 사전투표관리관으로서 투표용지 발급 및 교부 업무를 투표사무원이 하도록 하였는데 그 당시 위와 같은 형태로 출력된 투표용지를 보거나 들은 바가 없고, 위와 같은 투표용지의 존재가 투표록이나 개표록에 특별히 기록된 것으로 보이지도 않는다. 그러나 해당 투표용지를 발급·교부한 투표사무원이나 이를 교부받은 선거인이 특별히 투표용지에 대하여 이의를 제기하지 않았다면 위 투표지의 존재를 사전투표관리관이 알지 못할 수 있고, 그 경우 그러한 사실이 투표록이나 개표록에 기재되지 않게 된다. 따라서 그와 같은 사정만으로 위 투표지가 정규의 투표용지를 사용한 것이 아니라고 보기 어렵다. 이러한 경위로 생성된 투표지를 이 사건 선거구의 후보자에게 투표한 투표지로 보는데 특별한 문제는 없어 보이고, 실제 위 투표지는 유효표로 처리·분류되었다. (판결문 p.28)

마. 좌우가 극도로 치우친, 색깔이 다른, 훼손된, 이바리 투표지들

다음과 같은 사진이 찍힌 연수을과 남양주을의 투표지와 같이, 인쇄 여백

좌우가 극도로 치우친 투표지들도 재검표 현장에는 다수 나타났다. 남양 주을 별내면의 경우에는 평균 100장 중 20장 가량이 인쇄 여백 좌우가 극도로 치우친 투표지들이었다. 100장 중 38장이 좌우가 극도로 치우친 투표지들가 발견된 경우도 있었다.

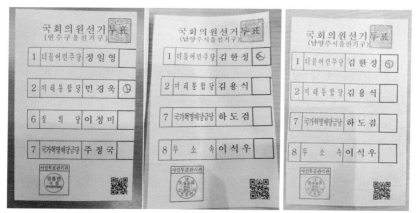

연수을에서 발견된, 인쇄 여백이 좌우로 치우친 투표지　　　남양주을 선거구에서 발견된, 인쇄 여백이 좌우로 치우친 투표지들

선관위 투표관리 지침에 따르면 투표지는 프린터의 좌측과 우측을 글루 건(건설, 공예 등에 쓰이는 총 모양의 접착기구)으로 고정하고 출력하게 되어 있고, 영수증 출력용처럼 좌우 간격을 맞추는 데 특화된 기능을 가진 프린터를 사용한다. 그런데 어떻게 좌우 여백이 저토록 불규칙하게 치우친 투표지가 나올 수 있는가?

피고는 현장에서 투표사무원들이 투표관리매뉴얼과 달리 가이드를 이리 저리 옮겨가며 출력한 것이라고 변명하는데, 그처럼 투표관리 지침과 달리 관리했다는 투표관리관이나 투표사무원의 진술서는 단 한 장도 제출된 바 없다. 모든 것이 선관위의 일방적인 주장일 뿐인데, 대법원이 아무런 물증 없이 그 허공에 뜬 변명을 인정해 주었다.

이런 투표지들은 가짜투표지를 대량으로 인쇄 재단하는 과정에서 빚어진 일이거나, 조작투표지를 대량으로 출력하는 과정에서 좌우를 제대로 고정하지 못했거나, 시간에 쫓기고 에러를 감내할 수밖에 없는 급박한 사정(QR코드 순번에 맞게 재출력 불가능)으로 인해서 발생한 일일 것으로 변호인들은 추측한다.

③ 사전투표지 중에 좌·우 여백이 다른 투표지의 경우, 을제55호증의 기재에 변론 전체의 취지를 종합하면, 사전투표용지는 투표용지 발급기에 장착된 라벨 프린터기에 롤 형태의 용지를 투입하여 출력하는데, 투표용지 발급기에는 종이 위치를 정렬하여 주는 가이드가 있기는 하지만, 가이드의 위치 자체가 잘못 설정되어 있거나 공급용지가 한쪽으로 치우쳐 들어가는 경우 또는 투표용지가 라벨 형식으로 출력되어 잘리는 과정 등에서 좌·우 또는 상·하 여백이 다른 투표용지가 생성될 수 있다. (판결문 p.28)

연수을 재검표장에 참가한 구주와 변호사의 증언에 따르면, 재검표장에서 색상이 다른 투표지들은 낱장으로 나온 것이 아니라 수십 매씩 함께 포개져 나타났다(재검표에 참가한 10여명의 변호사 중 단 한 사람에게만 촬영이 허가되었기 때문에 구주와 변호사는 위 투표지들을 촬영할 수 없었다). 다른 지역구에서는 투표 후 후보자별로 분류되어 100장씩 묶인 투표지들의 측면에 일렬로 검정 선이 간 것이 수백 장 연속으로 나타나거나, 대략 100장 묶음 단위로 선이 그어진 것과 그어지지 않은 것이 교대로 나타나며 쌓여 있기도 했다.

색깔이 다른 투표지들이 낱장으로 출현했다면 프린터의 문제라고 할 수 있다. 그러나 이렇게 비정상적인 색깔의 투표지들이 개표와 분류 과정을 거친 재검표 현장에서 어떻게 한데 모여서 나타날 수 있는지에 대해 피고 선관위가 해명해야 하지만 원고는 이에 대해 들은 바가 없다.

색상에 이상이 있는 프린터에서 출력한 투표용지로 나란히 한꺼번에 투표하면 투표함 안에서 일렬로 쌓이게 되는가? 개표될 때에 이런 표들만 모여 붙어 일렬로 포개질 수 있는가?

대법원은 이런 진정한 문제를 회피하고 낱장마다 색깔이 다른 투표지가 출현할 수 있느냐만 문제 삼은 뒤 출현할 수 있기에 문제없다는 결론을 내렸다. 문제없을 문제만 제기한 뒤 문제가 없다고 박수치는 격이다. 대법원의 자존심과 품격, 양심을 무너뜨린 판결이라 하지 않을 수 없다.

② 감정인의 감정 결과에 더하여 한국엡손 주식회사에 대한 사실조회회신 결과에 따르면, 사전투표용지를 출력하는 투표용지 발급기는 엡손에서 제작한 잉크젯 라벨프린터(TM-C3400)이고, 검은색은 청색, 적색, 노란색을 조합하여 출력하게 되는데, 잉크 노즐의 상태 또는 잉크의 상태에 의하여 색상이 다소 달라질 수 있다. 따라서 투표용지의 인쇄 부분 중 일부에 검은색이 아닌 다른 색이 나타난다는 사정만으로는 해당 투표지가 정규의 투표용지에 기표된 것이 아니라고 단정할 수 없다. (판결문 p.27)

판결문은 관외사전투표지는 개봉과정에서 찢어질 가능성이 있기 때문에 테이프로 붙인 것도 적법한 투표지라고 했다. 개표 시 투표지가 찢어져서 개표원이 뒷면에 테이프를 붙였다면 마땅히 개표록에 기재돼야 한다. 하지만 그런 기록은 없다. 재판부는 원고에게 "언제, 누가 작업을 했는지"를 밝히라고 한다. 같은 논리라면 "언제, 누가 테이프를 붙였는지"에 대한 근거가 없는데 어떻게 적법 투표지로 판단할 수 있단 말인가.

접착제가 엉겨 붙거나 칼로 잘린 부분을 테이프로 붙였거나 찢어진 채로의 투표지가 재검표 과정에서 발견된 것에 대해서는 오히려 다음과 같은 가설이 설득력이 있다.

QR코드에는 일련번호가 들어있다. QR코드가 찍혀있는 다량의 가짜 사전투표지를 제작했지만 도중에 일부가 찢어지거나 훼손되어도 시간이 없으면 그대로 사용해야 한다. 찢어진 투표지를 버리면 투표지 숫자가 부족하고 QR코드의 일련번호를 맞출 수 없기 때문이다.

> 다. 관외사전투표는 선거인이 투표지를 회송용 봉투에 넣어 봉함한 뒤 관외사전투표함에 투입하면 이를 등기우편으로 관할 구·시·군위원회에 배송하고, 그 개표 과정에서 회송용 봉투를 개봉하여 투표하게 된다. 이 과정에서 회송용 봉투의 봉함을 위해 도포 되어 있던 <u>접착제가 투표지에 묻을 가능성이 있고, 롤</u> <u>용지 라벨 또는 개표 당시 사용된 용품 등으로부터 투표지에 이물질이 묻을 수</u> <u>있으며, 투표지를 개봉하는 과정에서 투표지가 훼손되거나 찢어질 수 있는 가</u> <u>능성도 있다.</u> (판결문 p.31)

바. 본드풀이 떡칠된 투표지, 똑 소리나며 떨어지는 투표지, 여러 장이 붙은 투표지

판결문은 "상단이나 하단 일부가 서로 붙어있는 관외 사전투표지는 정전기에 의하거나 운반 개표 보관 과정에서 회송용 봉투의 접착제가 묻어서 생긴 현상으로 볼 수 있다"고 했다.

재판부는 선관위가 재판과정에서 설명한 궤변을 그대로 차용했다. 재판관에게 묻는다. 책받침 같이 매끈한 면의 플라스틱 재질도 아닌 투표용지가 '정전기'로 붙어 있다가 똑! 소리를 내며 떨어진다는 것이 정말로 재판관들의 생각에는 개연성이 있는가?

재검표장에서 나온 투표지는 한 장씩 투표지 분류기를 통과하여 100장씩 묶여서 보관된다. 과연 그런 종이에 정전기가 생겨서 2장이 붙을 수 있는가? 투표지 두 장의 중간에 붙어있던 본드는 그야말로 떡덩어리 같아서 재검표를 관리한 판사가 뜯으려고 애쓰다 포기할 지경이었다. 그것이 어떻게 회송용 봉투의 접착제라는 것인가? 3명의 대법관은 그처럼 총명한 추리력을 갖고서 투표지가 외부에서 투입됐다고 보는 원고측의 주장을 한사코 외면했던 까닭이 무엇일까?

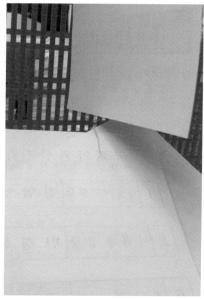

연수을재검표장에서 발견된 본드풀 투표지, 붙어 있는 투표지들
특히 왼쪽 사진은 용지 사이에 본드풀이 떡 덩어리처럼 뭉쳐서 붙어있음을 보여준다.

① 2021. 6. 28.자 검증 결과에 변론 전체의 취지를 종합하면, 상단 또는 하단 일부가 붙어 있었던 관외사전투표지는 정전기에 의하여 서로 붙어 있었거나 관외사전투표지의 운반, 개표 또는 보관 과정에서 회송용 봉투의 접착제가 묻는 등의 사유로 생긴 현상이라고 볼 수 있다. (판결문 p.27)

사. 길이가 다른, 비뚤어진 인영의, 관인이 없는, 일련번호가 떼지지 않은 투표지들

다른 지역의 재검표에서는 투표지의 길이가 다르거나, 인영이 비뚤어진, 관인이 없거나 일련번호가 떼지지 않은 투표지들이 다량 나타났다.

이러한 비정상투표지들이 다량으로 출현하는 현상은 역대의 재검표에서는 없던 일이다. 법원은 이러한 현상이 지닌 심각한 함의와 가능성에 대해 진지하게 고민하고, 진실규명을 위한 절차를 최대한 성실하게 진행할 책무가 있었다. 그러나 현실은 정반대로 법원은 이러한 비정상 상황을 한사코 외면하고 피고 선관위의 궤변에 따라 이를 아무것도 아닌 일로 덮기에 급급해 했다.

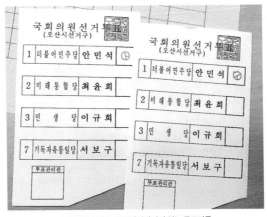

오산시에서 나온, 투표관리관인이 없는 투표지들

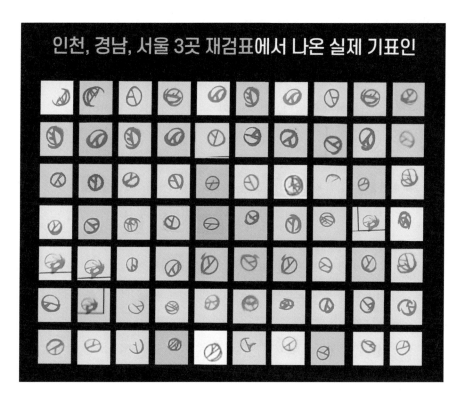

인천, 경남, 서울 3곳 재검표에서 나온 실제 기표인

아. 투표용지 감정 결과

판결문은 "사전투표지는 두께, 평량, 백색도, 백감도, 불투명도를 분석한 결과 "대부분이" 비교대상 투표지의 범위 내여서 합법 투표지"라고 판정했다. 허용 오차를 벗어나는 투표지가 있음에도 대부분이 범위 내에 있다는 이유로 전체가 합법이라는 판단을 어떻게 내릴 수 있는가?

판결문은 "당일 투표지 10매(일장기투표지)는 백색도, 백감도가 낮고 법정 생성물의 "범위를 벗어나지만 그 차이가 크지 않아" 뚜렷하게 다른 용지라고 판단할 수 없다"고 했다.

허용 오차범위를 벗어나면 무조건 불법용지로 봐야지 과학적 기준을 고무줄 늘리듯 아무데나 갖다 붙여도 되는가? 허용 오차범위를 벗어난 투표지가 어떻게 재검표장에 등장했는지에 대해 대법원과 선관위는 전혀 관심을 기울이지 않았다. '그 차이가 크지 않아'라니, 얼마나 주관적인 평가인가!

> 감정인이 제출한 감정 결과의 요지는 다음과 같다. 즉, ① 감정대상 투표지 중 사전 투표지는 잉크젯 인쇄로, 선거일 당일 투표지는 잉크젯 인쇄 외의 방법으로 인쇄되었다. ② 두께, 평량, 백색도, 백감도, 불투명도를 분석한 결과 대부분의 투표지가 법정에서 생성한 비교대상 투표용지의 범위 내이고, 선거일 당일 투표지(송도2동 제6투표소 투표지 10매)는 법정에서 생성한 비교대상 투표용지와 비교하여 볼 때 백색도, 백감도는 낮지만, 잔여투표용지의 백색도, 백감도의 범위 내에 있다고 볼 수 있다. 백색도와 백감도는 종이의 열화·산화 현상으로 낮아질 수 있고 법정 생성물의 범위를 벗어난 경우에도 그 차이가 크지 않아 뚜렷하게 다른 용지라고 판단할 수 없다. (판결문 p.26)

투표지의 백색도 및 백감도 감정결과를 통해 확인된 위조의 의심

투표지 검증 담당 **현성삼** 변호사

1. 감정방식 결정 절차에서의 문제점

　원고측은 2021. 6. 28.자 연수을 투표지 검증절차에서 재검표된 투표지들을 투표일 이후 위조되어 바뀌어진 투표지들로 의심하였습니다. 이에, 재검표 당시의 투표지들에 대하여 그 성상과 재질 등의 감정을 신청하였습니다. 원고측이 신청하여 대법원이 최초 채택했던 감정 방식은 연수을 선관위가 보관하고 있던 잔여 투표용지(롤용지)들로 4.15 총선 당시 사용했던 동일한 프린터와 잉크로 일정한 숫자의 투표지를 인쇄하여 100장의 비교대상 투표지들을 만들어 낸 후, 2021. 6. 28.자 검증과정에서 재검표되었던 이상 투표지들(감정대상 투표지)과 그 성상 및 재질 등을 비교하는 것이었습니다.

　원고측은 감정신청서를 통하여 2021. 6. 28.자 검증과정에서 재검표된 이상 투표지들(감정대상 투표지)과 위와 같은 방식으로 만들어낸 비교대상 투표지들을 감정하되, ① 투표지의 평량(basic weight, g/㎡)과 두께(thickness), ② X-선 형광(X-ray fluorescence, XRF[1])을 이용한 용지별 구성 성분 비교[2], ③ 용지별 인장강도(tensile strength), 인열강도(tearing resistance), 내절도(folding endurance), 내부결합강도(internal bonding strength) 및 강직도(stiffness) 비교, ④ 현미경 관찰을 통한 투표지 표면과 섬유층, 회분층(돌가루), 코팅칼라층

---

1) X선을 이용한 비파괴 검사로서, 물질에 X선을 조사하면 구성 원자 조성을 알 수 있습니다.
2) 인쇄 안 된 곳은 용지 구성 성분을, 인쇄된 곳은 잉크 구성 성분까지 분석 가능합니다.

등의 두께 비교의 감정을 신청하였습니다.

2021년 11월 19일 1차 감정기일 당시 대법원은 위와 같은 방식으로 감정을 하기로 결정하였고, 감정인은 위와 같은 방식을 통하여 용지들의 구성성분은 물론이고 잉크의 성분까지 정확히 비교 감정할 수 있다고 법정에서 답변하였습니다. 그 순간, 피고 선관위측 대리인으로 출석했던 중앙선관위 법제과장이 당황하면서 고개를 떨구는 모습을 보였습니다. 크게 걱정하는 모습으로 보였습니다.

이후 2021년 12월 13일 대법원에서 연수을 선거무효소송 사건의 2차 감정기일이 있었습니다. 해당일은 1차 감정기일에서 결정되었던 대로 이상 투표지들 중에서 감정대상 투표지들을 선택함과 동시에 비교대상투표지들을 프린트하여 그것들을 감정인에게 교부하는 절차였습니다. 그런데 피고 선관위측은 2차 감정기일을 불과 사흘 앞둔 2021년 12월 10일 금요일 오후[3]에 갑자기 서면을 제출하여 37개 지역 선관위에서 보유하고 있는 미사용 사전투표용지(롤용지)를 제출할 테니 해당 롤용지 전부를 비교대상투표지로 감정해야한다고 주장하였습니다. 대법원은 원고측의 강력 반발에도 불구하고 기다렸다는 듯이 1차 감정기일에서 이미 결정한 비교대상투표지 작출 방식을 2차 감정기일 직전에 제출된 피고 측 요구대로 변경하였습니다. 즉 천대엽 대법관은 2차 감정기일에서 '감정인이 잘 판단할테니 감정인을 믿고 피고 선관위 의견대로 감정해 보자'고 하면서, 피고 측 의견대로 기존 감정 방식을 갑자기 변경한 것입니다. 이러한 대법원 재판부의 갑작스런 감정방식 변경은 편파적인 재판 진행일 뿐만 아니라, 4.15 총선을 위해 선관위가 납품받았던 한솔, 무림 두 회사의 원지로 프린트한 투표지로 비교감정을 해야함에도 불

---

3) 일반적으로 월요일 기일을 앞두고 그 직전 주 금요일 오후에 서면을 제출한다는 것은 상대측이 대응할 시간을 주지 않겠다는 의도로 볼 수 있습니다.

구하고 선관위가 알아서 구해 온 출처 불명의 37개 롤용지를 이용하여 비교 감정물을 만들어내게 하였다는 점에서 극히 잘못된 결정이었습니다.

2. 선관위가 제출한 37종 투표용 롤용지의 문제점

4.15 총선에서 투표용지 원지 공급업체로 선정된 업체는 한솔제지(주)와 무림에스피(주) 두 업체였습니다. 이들 업체들은 중앙선관위가 정한 투표용지 품질기준을 통과했기에 원지를 공급한 것이며, 선관위는 이들이 공급한 원지를 이용하여 가공업체에는 사전투표용 롤용지 가공을 맡겨 공급받았고 인쇄업체에는 당일투표지 인쇄를 맡겨 공급받았던 것입니다. 따라서, 한솔제지(주)와 무림에스피(주)가 공급한 원지와 이 원지를 가공업체가 가공한 롤용지(사전투표용지) 간에는 그 재질과 성상에 아무런 차이가 없었습니다. 감정인이 1차 감정기일에서 이러한 사실을 확인해주었고 그래서 피고 연수을 선관위가 보관하고 있는 롤용지에 정규의 엡손프린터로 프린트하여 비교대상 투표지를 만들어내기로 했던 것입니다.

그런데 피고 선관위는 2차 감정기일 직전에 서면을 제출하여 '감정대상물 중 관외사전투표지에는 피고 연수을 선관위가 사용했던 청아디엔피와 더존미디어솔루션이 아닌 타 가공업체가 생산한 롤용지로 발급한 투표지가 있고 해당 롤용지는 같은 원지를 사용했으나 보관장소, 보관상태, 제작시기 등이 서로 달라 미세한 차이가 있을 수 있으므로 투표지 재질과 성상의 정확한 감정을 위하여 전국 각 사전투표소에서 사용했던 모든 종류의 롤용지마다 10매의 비교대상투표지를 추출하여 감정해야한다'고 주장했습니다. 그러나 (롤지)가공업체들은 한솔제지와 무림에스피가 제조한 원지를 롤용지 크기로 잘라 가공한 것이어서, 그 종이의 재질과 성상에는 아무런 차이가 없었습니다. 그럼에도 불구하고 선관위는 이러한 어처구니없는 주장을 하면서 1차 감정기일에서 결정되었던 감정 방식을 변경하려 한 것입니다. 그런데 대법원 특별2부는 마치 선관위 측과 사전교감이 있었다는 듯이 기존 1차 감정기일에서의 결정을 즉시 뒤집고 이러한 피고 선관위의 요청을 받아들인 것입니다.

대법원의 감정 방식 변경으로 인하여 비교대상투표지로 무려 390장(= 연수을 보관 롤용지로 인쇄한 20장 + 나머지 중앙선관위가 가져온 37개 롤용지 × 10장)을 프린트하여 감정을 하게 되었습니다. 감정대상투표지가 122장인데 비교대상투표지를 390장 프린트하여 비교감정함으로써 배보다 배꼽이 커진 것입니다.

더 큰 문제는, 피고 선관위가 전국 각급 선관위에서 가져왔다는 사전투표용 롤용지 37개는 피고 측이 어디서 구해 가져왔는지 도무지 알 길이 없었습니다[4]. 몰래 비정규 롤용지를 가져오고선 4.15 총선 때 사용한 것이라고 주장해도 이를 확인할 아무런 방법이 없었던 것입니다. 선관위가 부정하게 사용한 비정규의 부정용지를 37개 롤용지 속에 섞어 넣고 이를 비교감정한 후, 선거부정이 없었다고 주장할 여지가 있었던 것입니다.

이처럼, 대법원과 피고 선관위는 사전 교감 하에 미리 판결결과를 정해둔 채 재판을 진행한 것이라고 볼 수밖에 없는 상황이었습니다.

---

[4] 선관위가 비교대상투표지로 제출한 37개의 롤용지 중에는 제19대 대선(2017. 5. 9.)과 제7대 지방선거(2018. 6. 13.)에서 사용하고 남은 용지도 있었는데, 이를 통하여 각급 선관위가 선거 때마다 사용하고 남은 롤용지들을 상당수 비축하고 있음을 알 수 있었습니다. 원고 대리인들이 피고 연수을 선관위에서만 확인한 바로도 미사용 롤용지 14박스가 남아 있었습니다(한 박스에 10개의 롤이 들어있고 한 롤은 150m). 한마디로 4.15 총선 사전투표지 전부를 여러 차례 인쇄할 수 있을 정도로 엄청난 수의 미사용 사전투표용 용지가 전국 각급 선관위에 쌓여 있었던 것입니다.

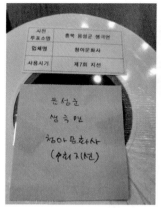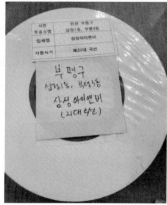

각급 선관위가 비축한 미사용 사전투표용 용지

3. 감정인의 감정결과 분석

위와 같은 경과를 거쳐 대법원에 제출된 감정보고서에는 비교대상투표지 (법정생성물)의 범위를 초과한 투표지들(불투명도 기준 초과 2매, 감정대상 물 중 13-9 당일 투표지 10매는 백색도와 백감도 기준 초과)에 대한 기재가 있 었습니다. 최초 감정보고서 상 법정생성물 범위를 초과한 투표지들이 총 12매 였는데, 이는 감정했던 이상 투표지의 총 숫자가 122매에 불과했다는 점에서 10% 정도의 투표지들이 법정생성물의 범위를 초과했던 것입니다. 21대 총선 인천연수을 지역구에서의 총투표수가 127,166이고 원고 민경욱이 2,893표 차 이로 낙선했다는 점에서(정일영 52,806표, 원고 민경욱 49,913표), 감정 결과 로 나온 법정생성물의 범위를 초과한 투표지의 숫자는 그 비율로 볼 경우 결 과를 뒤바꿀 수 있을 정도의 큰 숫자였던 것입니다.

이후, 원고측이 한솔제지(주)와 무림에스피(주)의 품질규격 표준서와 제품시험성적서를 기준으로 범위를 벗어난 감정대상물 숫자를 파악해달라고 사실조회를 하였는데, 감정인은 백색도 면에서 범위를 벗어난 감정대상물이 '13-2'(소위 일장기 당일투표지) 9매, '13-9'(접힌 흔적이 없는 당일투표지) 10매라고 답변하였습니다.

하지만, 원고측은 감정보고서에 기재된 로데이터(raw-data)와 한솔제지(주) 및 무림에스피(주)의 품질규격 표준서와 제품시험성적서 상의 데이터를 기준으로 비교해볼 때 당일투표지인 13-2(소위 일장기 당일투표지) 10매와 13-9(접힌 흔적이 없는 당일투표지) 10매 모두 백색도(brightness) 및 백감도(whiteness) 면에서 빠짐없이 기준 범위를 벗어나 있다는 사실을 확인하였습니다.

즉 감정대상물 중 당일투표지 100%가 모두 백색도, 백감도 면에서 기준 범위를 벗어나 있었던 것입니다. 이는 당일투표지용 종이와 사전투표지용 종이가 동일한 규격으로 동일한 제지업체에서 납품되었고, 2020년 4월 15일 개표 이후 동일한 환경에 노출되어 보관되어 왔다는 점에서 당일투표지들의 백색도, 백감도 수치만 기준범위를 벗어나 있었다는 것은 분명 문제가 있는 것이었고 당일표 전체를 교체한 것이라는 의심을 거둘 수 없었습니다.

한편, 감정인은 '당일투표지도 종이의 산화로 인하여 백색도, 백감도 값이 낮아질 수 있으며, 백색도 및 백감도 값이 높은 경우에는 해당 용지의 산화가 덜 일어난 것으로 볼 수 있어 완전히 다른 용지로 평가할 수는 없다'라고 답변을 하기도 하였습니다. 하지만, 이러한 감정인의 답변은 과학적 상식과 배치되는 것이었는데, 이는 13-2와 13-9 투표지 총 20매는 모두 당일 투표지들로서 2020년 4월 15일 총선에 즈음하여 새로 생산된 종이를 이용하여 인쇄된 투표지들이었으므로 제19대 대선(2017. 5. 9.)과 제7대 지방선거(2018. 6. 13.) 즈음에 생산된 종이로도 인쇄된 사전투표용지들에 비하여 백색도와 백감도 값이 낮을 수가 없기 때문이었습니다. 하지만, 감정대상물이었던 당일투표지 13-2(소위 일장기 당일투표지) 10매와 13-9(접힌 흔적이 없는 당일투표지) 10매는 기준범위를 넘어 백색도와 백감도 값이 낮았습니다. 이에 반하여, 감정대상물인 사전투표지들과 비교대상물로 제시된 390장의 새로 생성된 투표용지들 중에는 2017년 5월 9일 제19대 대선과 2018년 6월 13일 제7회 지방선거용으로 납품되었던 롤용지를 이용하여 인쇄된 것들도 상당수 있었는데도, 이 390장의 새로 생성된 비교대상물들은 백색도(brightness) 및 백감도(whiteness) 면에서 예외 없이 일정하게 당일 투표지들보다 훨씬 높은 수치를 보이고 있었습니다. 이러한 사실에서 투표용지들의 산화로 인한 경시변화는 없었던 것임이 확인된 것이어서 '(당일투표지들은) 용지의 산화로 인하여 백감도 값이 낮아질 수 있어 다른 용지로 평가할 수 없다'는 감정인의 의견은 과학적 상식에 반하여 적절한 근거가 될 수 없었던 것입니다.

백색도와 백감도의 표준편차의 면에서 비교하더라도 이상한 점이 발견되었습니다. 감정인 의견처럼 투표지 보관 기간과 환경에 따라 백색도와 백감도에 영향을 준다고 하더라도, 동일한 용지가 동일 기간과 환경에 노출되었다면 비교대상투표지, 감정대상투표지(당일투표용지 및 사전투표용지)는 개별 용지별로 다른 평균값을 가지더라도 모두 일정한 표준편차 내에 들어와야 한다는 것이 과학적 상식일 것입니다.

하지만 이들의 백색도/백감도 표준편차는 비교대상투표지 4.0/17.8, 감정대상 당일투표지 0.7/0.3, 감정대상 사전투표지 9.9/4.3이었으며, 이들의 %표준편차는 비교대상투표지 4.6%/16.3%, 감정대상 당일투표지 0.4%/1.0%, 감정대상 사전투표지 2.8%/8.5%였습니다. 비교대상투표지와 감정대상 당일투표지, 감정대상 사전투표지는 모두 한솔제지, 무림에스피가 공급한 동일 규격의 동일 용지를 사용한 것이므로 비슷한 정도의 표준편차 내에 모여 있어야 했으나, 감정대상 당일투표지와 비교해볼 때 비교대상투표지 및 감정대상 사전투표지의 %표준편차는 백색도 면에서 7 ~ 12.5배, 백감도 면에서 8.5 ~ 16.3배의 큰 차이를 보이고 있었습니다.

	법정생성물 (390매)		사전투표용지 (102매)		당일투표용지 (20매)	
	백감도	백색도	백감도	백색도	백감도	백색도
평균	87.1	108.8	88.1	115.8	78.6	75.1
표준편차	4.6	16.3	2.8	8.5	0.4	1.0

감정대상 당일투표지, 사전투표지와 비교대상 투표지의 백감도와 백색도 및 표준편차

이러한 결과에 비추어, 감정대상 당일투표지는 감정대상 사전투표지 및 비교대상투표지와 서로 다른 용지를 사용한 것이었다고 볼 수 있으며, 감정대상 당일투표지는 단일한 용지를, 감정대상 사전투표지와 비교대상투표지는 감정대상 당일투표지와 다른 복수의 별개 용지를 사용한 것이라고 볼 수 있습니다.

이러한 결과를 종합하여 추론해볼 때, 연수을 선거구의 당일투표지 전부가 2020년 4월 15일 개표일 이후부터 2020년 4월 29일 투표지 보전처분일 사이에 교체된 것이라고 볼 수 있습니다. 피고 선관위는 당일표 전체를 개표 당시 발표된 숫자에 맞추어 통째로 갈아치우면서 이를 보전처분되도록 한 것이며, 당일표 전체를 통째로 갈아치우면서 새로 생성시킨 이미지파일을 재판 진행 중인 재판부에 제출하면서 그 원본은 파기한 것이라고 추론할 수 있는 것입니다.

사전투표지의 경우, 사전투표일(4월 10일과 11일) 이후 개표일(4월 15일) 전까지 4일의 여유가 있으므로 그 사이에 표 전체가 교체된 것이므로 당일표와 달리 이후 추가적인 표갈이는 필요 없었을 것입니다(당일표의 경우 미세조정으로 인하여 실물표와 차이가 발생하였으므로 선거소송이 제기되면서 2020년 4월 29일 보전처분일 이전까지 전체 교체할 필요가 생긴 것입니다).

4. 원고측의 위 주장에 대한 판결과 그에 대한 비판

대법원은 2022. 7. 28.자 판결을 통하여, 원고가 비정상 투표지라고 골라낸 투표지(감정대상 투표지)에 대한 감정결과 정상 투표용지로 확인되었다고 판시하였습니다. 즉, 2021년 6월 28일자 감정과정에서 일장기투표지, 배춧잎투표지, 한쪽으로 쏠려서 인쇄된 투표지 등을 122장 선별했고(감정대상 투표지), 이 122장의 감정대상 투표지와의 비교대상으로 피고가 보관 중이던 사전투표용 롤용지와 투표용지 발급기를 이용하여 롤용지 당 10매의 사전투표용지(비교대상 투표지)를 출력하여 감정인에게 제공하였는데, 그 감정결과에서 백색도, 백감도 면에서 큰 차이가 나지 않아 뚜렷하게 다른 용지라고 판단할 수 없다는 결과가 나왔으므로 투표지가 위조되어 투입되었다고 볼 수 없다는 것이 대법원의 판단이었습니다.

감정인은 '두께, 평량, 백색도, 백감도, 불투명도를 분석한 결과 대부분의 투표지가 법정에서 생성한 비교대상 투표용지의 범위 내이고, 선거일 당일 투표지(송도2동 제6투표소 투표지 10매)는 법정에서 생성한 비교대상 투표용지와 비교하여 볼 때 백색도, 백감도는 낮지만, 잔여투표용지의 백색도, 백감도의 범위 내에 있다고 볼 수 있다. 백색도와 백감도는 종이의 열화·산화 현상으로 낮아질 수 있고 법정 생성물이 이 범위를 벗어난 경우에도 그 차이가 크지 않아 뚜렷하게 다른 용지라고 판단할 수 없다'라고 감정서에 기재하였는데, 대법원은 이러한 감정인의 의견을 그대로 인용하면서 위와 같이 판단한 것입니다(판결문 26페이지).

그러나, 위 감정인의 감정결과 분석에서도 보듯이, 이러한 대법원 판단은 ① 감정대상물 중 당일투표지 100%가 모두 백색도, 백감도 면에서 기준 범위를 벗어나 있었던 점, ② 당일투표지는 사전투표용지나 비교대상 투표지들에 비하여 최근에 만들어진 용지로 인쇄된 것이기 때문에 백색도와 백감도 값에서 높은 수치를 기록해야 했으나 그 반대였다는 점, ③ 비교대상투표지(390매)와 감정대상 당일투표(13-2 일장기투표지, 13-9 접힌 흔적 없는 당일투표지), 감정대상 사전투표지는 모두 한솔제지, 무림에스피가 공급한 동일 규격의 동일 용지를 사용한 것이므로 백색도와 백감도 수치에서 비슷한 정도의 표준편차 내에 모여 있어야 했으나, 감정대상 당일투표지와 비교대상투표지 및 감정대상 사전투표지는 표준편차면에서 큰 차이를 보이고 있었다는 점에서, 완전히 비과학적인 근거로 잘못된 판단을 한 것이라고 볼 수 있습니다.

자. 관외사전투표의 숫자 불일치와 배송기록

1) 숫자가 맞지 않는 문제

우정청은 봉투 수를 셀 수 있을 뿐, 봉투 안의 투표지 숫자는 셀 수 없다. 그런데 우정청은 투표지 '20,293개를 배달했다'하고, 등기번호로 확인되는 도착 봉투 수는 20,024개로 봉투 수가 269개 차이난다.

투표지 수와 봉투 수가 다를 수 있다는 피고 선관위의 변명은 전혀 답이 될 수 없는 것이며, 이를 인정한 대법원의 판결문 또한 기본적인 사실관계 파악조차 미진한 것이다. 한 사람이 투표를 하고 하나의 봉투에 표를 넣는데 어떻게 투표지 수와 봉투 수가 다를 수 있다는 것인가?

피고 선관위가 이를 반박하려면 실제 등기번호로 20,293개의 배송기록을 제출해야 하는데, 이런 점들이 문제가 되어서인지 몰라도 우정사업본부와 선관위는 법원의 거듭된 사실조회 명령과 회신 독촉에도 불구하고 한사코 공식적인 배송기록을 제출하지 않았다. 4.15 총선의 관외사전투표 배송기록에 많은 문제가 있다는 것은 어느 정도 알려졌지만, 끝까지 우정청이 배송기록을 제출하지 않았다는 것은 대부분의 국민들이 모르고 있을 것이다. 상상도 할 수 없는 일이기 때문이다.

한편 원고는 경인지방우정청의 정보공개(갑제175호증)에 따르면, 연수구선거관리위원회에 배달된 관외사전투표수는 20,293개이나, 등기번호로 확인되는 연수구선거관리위 원회에 도착한 회송용 봉투의 숫자는 20,024개이고, 인천 연수구의 전체 관외사전투표 수는 20,015개이므로 이는 부정선거의 증거라고 주장한다.

> 그러나 원고가 제출한 위 증거에 의하더라도, 경인지방우정청은 단순히 "선거
> 관리위원회에 배달된 통수"가 20,293개라고 답변하였을 뿐이다. 그와 달리 연
> 수구선거관리위원회에 도달한 관외사전투표지가 담긴 회송용 봉투의 숫자가
> 20,293개라고 볼 만한 증거는 없다.
>   따라서 연수구선거관리위원회에 도달한 회송용 봉투의 수량과 관외사전투표
> 수의 차이를 가지고 위조된 사전투표지가 혼입되었을 것이라는 원고의 주장도
> 선거무효사유의 존재에 관한 객관적인 근거가 되기에 부족하다. (판결문 p.20)

2) 배송기록 이상

법원은 디지털 부정선거범죄자가 빅데이터 분석을 통해 관외사전투표 조작 수량에 대한 사전 준비를 할 수 있고, 배송기록에 대한 해킹 전산 조작을 할 수 있다는 가능성을 무시했다.

법원은 40.4% 배송기록이 원고의 주장과 같이 실제로 이상한지에 대해 기본적인 사실관계 확정도 하지 않고 이를 배척했다. 만일 그만큼 많은 수의 배송기록이 실제로 이상하다면 설명이 쉽지 않기 때문일 것이다.

법원은 배송기록을 샘플 조사로도 확인해 보지 않고, 그처럼 많은 수의 이상이 생길 수는 없다고 미리 단정했다. 이는 사실관계를 객관적인 증거에 의거하여 조사하고 그 증거에 따라 결론을 판단해야 할 법원의 책무를 저버린 것이다.

법원은 범죄자들이 정교하게 조작하지 못해 드러난 범죄 흔적 증거를 '범죄자라면 이처럼 거칠게 처리하지 않았을 것'이라며 배척했다. 그렇게 떳떳한데 왜 2년 동안 공식 배송기록을 받아내지 못했는가?

그러나 원고의 주장처럼 사전투표지를 위조하여 투입하는 방식으로 선거 결과를 조작하였다면, 이를 실행한 '성명불상의 특정인'으로서는 굳이 진정한 관외사전투표지의 배송정보를 비정상적으로 입력할 필요가 없고, 오히려 그와 같이 해서도 안 될 것이다. 왜 위조된 관외사전투표지 중 40.40%의 배송정보만이 비정상적으로 입력되었는지에 관하여도 충분한 설명이 되지 아니한다. 따라서 원고가 주장하는 위 사정만으로는 관외사전투표에 조작이 있었다고 보기 어렵다. (판결문 p.20)

이는 '누군가가' 투표지를 다량 위조하였을 뿐만 아니라 이를 우체국에 추가 투입하고 더 나아가 등기내역까지 조작하였다는 것을 의미하는데, 사전투표기간부터 개표일까지 1주일도 되지 않는 단기간 내에 전국 단위에서 사전투표지를 위조하여 투입하고, 우정사업본부가 관리하는 배송 내역까지 조작한다는 것은, 달리 특별한 사정에 대한 증명이 없는 한 생각하기 어렵다. (판결문 p.21)

차. 불가능한 수치

가장 초기부터 제기되었던 개표 수치의 이상 경우에도 분석이 거듭될수록 이상성이 더 뚜렷해졌다. 허병기 인하대 명예교수는 원고 민경욱 후보와 정의당 이정미 후보의 당일투표, 관외사전투표, 관내사전투표 모두의 비율이 1 : 0.46으로 완전히 같다는 것을 발견했다. 원고의 득표 수를 100%로 보았을 때, 이정미 후보는 세 가지 각기 다른 선거유형에서 모두 46%에 해당하는 득표를 한 것이다. 정의당 이정미 후보의 당일

투표와 사전투표결과가 둘 다 민경욱 후보의 46%인 지점은 좌파성향의 유권자들이 유독 사전투표를 많이 한다는 주장에 완전히 배치된다.

반면, 원고와 민주당 정일영 후보의 득표를 비교하면, 당일투표에서는 1 : 0.90로 원고가 더 많은 표를 받았으나, 관외사전투표와 관내사전투표에서는 각각 1 : 1.39의 같은 비율로 정일영 후보가 거의 40% 더 많은 표를 받았다.

<4.15 총선 인천 연수을 세 후보의 당일투표·사전투표 수와 비율>

	정일영	민경욱	이정미
당일투표수	30,575	33,932	15,798
관내사전투표수	15,797	11,335	5,296
관외사전투표수	6,185	4,460	2,073
당일투표비율	0.9	1	0.46
관내사전투표비율	1.39	1	0.46
관외사전투표비율	1.39	1	0.46

허병기 명예교수는 이 득표수들이 자연적인 숫자가 아닌 것으로 보이는 세 가지 지점을 지적한다. ① 민경욱, 정일영, 이정미 세 후보의 관내사전득표율 대비 관외사전득표율은 모두 0.39로 각자의 관내사전투표수의 2/5가 관외투표수이다. ② 민경욱 후보와 이정미 후보의 득표율이 당일, 관내사전, 관외사전 모두에서 1 : 0.46인 점도 자연적인 수라고 보기 어려운 지점이다. ③ 가장 놀라운 수치적 인위성은 정일영 후보가 사전투표에서 민경욱 후보의 139%를 득표한 결과에서 발견된다. 원고와 이정미 후보의 사

전득표비율에서 6분의 1씩을 덜어서((1 X 1/6) + (0.46 X 1/6) = 0.243) 정일영 후보에게 보내기로 했다면, 민경욱 후보와 이정미 후보는 기준인 민경욱 후보의 득표수의 0.243 비율만큼 표가 줄고, 정일영 후보는 또 그만큼 표가 늘어서 둘 사이의 격차는 0.243의 두 배인 0.486배가 된다. 이 비율을 민주당 정일영 후보의 당일투표비율인 0.9에 더하면(0.9 + 0.486 = 1.386) 정일영 후보와 민경욱 후보의 관내사전득표율과 관외사전득표율에 대한 비율(1.39)과 일치하는 것이다.

<조작된 숫자들의 문제: 우연의 일치?>

당일투표 득표율	민경욱 : 정일영 : 이정미 = 1 : 0.90 : 0.46
사전투표 득표율	민경욱 : 정일영 : 이정미 = 1 : 1.39 : 0.46
관외사전투표 득표율	민경욱 : 정일영 : 이정미 = 1 : 1.39 : 0.46
관내사전투표 득표율	민경욱 : 정일영 : 이정미 = 1 : 1.39 : 0.46

$$(1 \times 1/6) + (0.46 \times 1/6) = 0.243$$
$$0.243 \times 2 = 0.486$$
$$0.90 + 0.486 = 1.386 \ (1.39)$$

즉 기준점인 민경욱 후보의 관내 · 관외사전투표의 0.486배를 정일영 후보의 민경욱 후보 당일투표 대비 득표율인 0.9에 더하면 정일영 후보의 월등하게 증가한 사전투표 득표율(0.9 + 0.486 = 1.386 (1.39))과 그리고 사전투표수(민경욱 후보의 관내사전투표수(11,335) X 1.39 = 15,755 (정일영 후보의 관내사전투표수 15,797), 민경욱 후보의 관외사전투표수

(4,460) × 1.39 = 6,199 (정일영 후보의 관외사전투표수 6,185))와 거의 일치한다. 이는 민경욱 후보의 득표수를 기준으로 민경욱 후보와 이정미 후보의 1/6 만큼 덜어서 정일영 후보의 관외와 관내사전투표로 보내도록 전산조작이 되었음을 의심하게 하는, 자연스럽게 발생했다고 볼 수 없는 수치이다.

나아가 전국적으로 사전투표에 참여하는 선거인과 당일투표에 참여하는 선거인의 정당에 대한 지지 성향 차이 또는 각 선거의 사전투표율과 선거일 당시의 정치적 판세에 따라 전국적으로 특정 정당의 후보자에 대한 사전투표 득표율이 당일투표 득표율에 비하여 높거나 낮은 현상이 나타날 수 있고, 그것이 이례적이라거나 비정상적이라고 볼 수도 없다. 이는 이 사건 선거 이후에 실시된 재보궐선거, 대통령선거, 지방선거에서도 동일하게 관찰되는 현상이기도 하다. 반대로 관내사전투표를 하는 선거인과 관외사전 투표를 하는 선거인의 지지 정당 등 성향이 유사하다면, 그에 따라 일부 선거구 또는 권역에서 후보자별 관내사전투표득표율 대비 관외사전투표득표율의 비율이 유사한 수치로 나타나는 것도 특히 이례적인 것이라고 볼 수 없고(원고 주장과 같이 그 비율이 소수점 둘째자리까지 일치하는 지역구는 전체 253개 지역구 중 일부에 불과하고, 그 비율도 각각 다르다), 정당별 후보자간 사전투표 득표 비율이 유사하다는 사정만으로 그와 같은 결과가 경험칙에 현저히 반한다고 보기도 어렵다. (판결문 p.18)

인천 연수을, 부천, 파주을, 부여, 성북을 그리고 영등포을의 바뀐 투표함 보관실 문고리

4. 인천 연수을, 부천, 파주을, 부여, 성북을 그리고 영등포을의 바뀐 투표함 보관실 문고리

가. QR코드 검증에 대한 원고 주장의 왜곡과 병든 사법부

판결문은 '선거 관련 규정에 위반된 사실에 대한 구체적인 주장·증명이 있는지 여부'라는 항목에서 원고가 연수을 사전투표지의 QR코드에 "중복된 일련번호 혹은 임의의 일련번호가 기재되어 있다고 주장하였다"라고 쓰고 있다. 그러나 사실 원고의 주장은 범죄자들이 재검표에 대비해 급하게 위조투표지를 만들었다면 '중복된 일련번호 혹은 임의의 일련번호가 기재되어 있을 수 있으므로 QR코드 검증이 필요하다'는 것이었다. 이런 주장이 부당한 것인가?

> 또한, 원고는 증거보전된 사전투표지에 인쇄된 QR코드에 선거관리위원회가 인천 연수구을 선거구에 부여한 일련번호 외의 일련번호가 기재되어 있거나 중복된 일련번호 혹은 임의의 일련번호가 기재되어 있다고 주장하였다. 만약 증

> 거보전된 사전투표지에 비정상적인 일련번호가 기재되어 있다면 원고의 주장과 같이 <u>위조된 투표지가 투입되었음을 의심할 근거가 될 수도 있다</u>. (판결문 p.6)

만약 실제로 중복된 일련번호 혹은 임의의 일련번호가 기재되어 있었다면 '위조된 투표지가 투입되었음을 의심할 근거'(p.7) 정도가 아니라 부정선거의 유력한 증거가 되었을 것이다. 그러나 이 부분에서 중복된 일련번호 혹은 임의의 일련번호가 나타나지 않았다 하더라도 선거과정에 대한 직접적인 정보에 접근권한이 없는 변호사들과 시민들이 이런 추정을 하여 확인을 요청한 것을 대법원이 비틀어서 조롱한다는 것은 이 나라의 사법부가 얼마나 병들었는지를 직접적으로 보여준다.

선거 후 1년도 더 지나서야 원고가 직접 제작한 검증 프로그램으로 간신히 QR코드 넘버에 대한 검증이 이루어졌다. 왜 더 일찍 피고 선관위가 더 협조적인 태도로 나와 이런 증거조사를 실시하지 못했는가? 원고는 선거 직후부터 QR코드 대조를 주장했었다. 그런데 증거조사가 실시되기까지 1년의 공백이 있었다. 그 1년 동안 부정선거 주체들은 과연 아무런 대비책도 세우지 않았을까?

원고는 QR코드 일련번호 외에도 재검표에서 나온 투표지이미지와 투표 당시의 투표지이미지파일을 대조하여 검증하고자 했다. 그러나 선관위는 투표 당시의 투표지이미지파일의 원본이 남아있지 않다며, 사본이라고 주장하는 이미지파일을 제출했다. 이것이야말로 그들의 '주장'이다. 원본이 무엇인지 모르고, 원본과 동일하다는 것을 확인할 해시값 이용 등이 불가능한 사본이라고 '주장'된 파일로 어떻게 신뢰할 만한 검증을 할 수 있겠는가?

투표 당시의 투표지이미지파일 원본이 삭제됐고 사본이 제출됐다고 선관위 직원이 대답했을 때, 대법관들조차 흠칫 놀랐었다. 하지만 대법관들은 피고에게는 한없이 관대하고 원고에게는 부당한 방식으로 엄격한 병든 사법부의 자리로 즉시 돌아와, 감히 대법원에 '사본이라 주장하는' 파일을 제출한 선관위에 아무런 질책도 하지 않았다.

나. 개표장에서 전자개표기 촬영하지 말라고 방송한 연수을 선관위

판결문은 투표에서 개표까지 촘촘히 관리되고 수많은 사람들에게 참관이 열려 있는데 어떻게 부정선거가 가능하냐며 원고의 주장마다 어불성설이라고 강변했다.

> 선거무효사유는 선거라는 일련의 과정에서 선거에 관한 규정을 위반한 사실이 있고, 그로써 선거의 결과에 영향을 미쳤다고 인정될 때에 한하여 인정되는데, 공직선거법 관련 법령이 선거인명부의 작성, 투표에서부터 개표 및 그 결과의 공표 과정에 이르기까지 모든 과정에서 투표참관인 또는 개표참관인 등의 참여를 보장하는 등 선거 전반에 걸친 선거관리위원회의 선거관리 과정이 후보자를 추천한 정당을 비롯한 외부에 공개된다. (판결문 p.4)

하지만 2020년 4월 15일 개표 당시 연수을 선관위 직원은 참관인들에게 전자개표기를 촬영하지 말라는 방송을 했다. 원고측은 개표장 영상을 증거로 선관위 직원이 방송으로 전자개표기 촬영을 금지한 것을 밝혔다. 이는 개표참관인의 선거감시행위를 제한하여 공직선거법을 명백히 위반한 행위이다. 그런데 판결문은 관련법규를 밝혀 개표참관인의 자유로운

참관과 자료수집이 보장되어야 함을 말하고 나서 바로, 피고 선관위의 조치가 법률에 위배되는지 '의문'이라고 썼다. 여기에 무슨 '의문'이 있는가? 그리고는 이런 '위법의 의문'이 있는 행동이 바로 개표조작의 증거는 아니라고 결론을 내렸다.

대법원에게 선관위의 행위는 항상 '봐줄만 한' 것이며, 원고측 대리인의 주장은 '누가, 언제, 어디서, 어떻게' 조작을 했는지 소상히 밝히지 않는 한 고려할 가치가 없었다. 이 무슨 현대판 콩쥐팥쥐란 말인가?

피고 연수을 선관위는 왜 그런 방송을 했는지 해명을 제출했어야 한다. 그러나 선관위는 어떤 해명도 제출하지 않았다. 직접 그 방송을 했던 연수구 선관위의 직원은 직권남용죄와 공직선거법 위반으로 처벌을 받아야 마땅하나, 그가 처벌을 받았을 가능성은 0%에 가깝다는 것이 슬프고도 두려운, 그래서 이제는 반드시 바꿔야 할 대한민국 선거운용의 현실이다.

> (5) 원고는 이 사건 개표의 참관 촬영이 제대로 보장되지 않았다는 취지의 주장을 한다. 갑제47호증, 제51호증의 4의 각 영상에 의하면 이 사건 선거의 개표소에서 투표지 분류기를 촬영하지 말라는 안내방송을 한 사실은 인정된다. 공직선거법 제181조 제9항에 의하면 개표참관인은 개표소 안에서 개표상황을 언제든지 순회·감시 또는 촬영할 수 있다고 규정하고 있고, 이는 개표참관인이 개표 상황을 자유롭게 참관하며 필요한 자료를 수집할 수 있도록 하기 위함이므로 위와 같은 피고의 조치가 위 법률의 규정에 부합하는지에 대하여는 의문이 있다. 그러나 이 사건 개표 절차 당시 개표와 관련하여 이 사건 선거무효사유에 해당한다고 볼 수 있는 다른 위법사항이 존재한다는 사정 및 증명이 없는 한, 개표 현장에서

다. 하루에 만 명이 투표한 부천시 신중동 투표소 사례 강변

2020년 4월 15일 제21대 총선 당시 부천시 신중동 관내사전투표소에서 투표된 관내사전투표수는 18,210표였다. 신중동 사전투표소는 부천시청 3층의 단 한 곳에서 2020년 4월 10일과 11일 이틀 간 이뤄졌고 투표시간은 오전 6시~오후 6시까지 하루 12시간씩 이틀 간 총 24시간이었다. 18,210표를 24시간으로 나누면, 오전 6시부터 오후 6시까지 빈틈없이 4.74초마다 1명씩 투표를 했다면 가능한 일이다.

당시는 코로나 시국이었으므로 투표자들 상호 간에도 1미터 거리두기를 시행 중이었고 투표를 하면서 손 소독제와 비닐장갑을 사용함으로써 평소 보다 시간이 더 걸리는 상황이었다. 이런 상황에서 투표자의 신분증을 제시하고 지문을 찍어 선거인 본인 여부 및 투표 여부를 확인한 후, 엡손 잉크젯 프린터로 지역구 및 비례 투표지를 인쇄하여 발급받은 뒤 기표소에서 기표한 다음 투표함에 투입하는 과정을 거치게 된다. 투표소에는 투표인들이 몰려들 때도 있고, 아래 설훈 전 의원의 투표 장면처럼 한산할 때도 있었을 것이다. 그런데 24시간 내내 4.74초마다 투표를 했어야 가능한 이 숫자가 현실적인지에는 의문이 있을 수밖에 없었다. 이 사건도 선관위가 통합선거인명부를 제출하면 백일하에 그 진위가 드러날 것이다.

2020년 4월 10일 부천시청. 설훈 당시 더불어민주당 부천시을 국회의원 후보가 비닐장갑을 끼고 사전투표를 하고 있다.
단 한 개의 투표함에 4.74초마다 투표가 이루어질 만큼 투표장이 붐비는 모습은 보이지 않는다.
(출처: 2020년 5월 28일 아시아타임즈)

투표지 용지 발급기가 여러 개라도, 선관위가 인정했듯이 투표함이 하나밖에 없으므로 병목구간이 생길 수밖에 없었을 것이다. 투표지 용지 발급기에 대해 판결문에는 20대 이상 있었다고 쓰고 있지만, 정확히 몇 대가 있었는지는 불명확하다. 여하튼 투표함은 하나뿐이었는데 24시간 내내 4.74초마다 투표를 하는 것은 불가능한 수치라고 보는 것이 합리적이지 않을까? 사전투표소에 CCTV가 작동했다면 하루 만 명이 투표했는지 아닌지는 금방 드러날 일이다.

하지만 선관위는 공문을 통하여 사전투표소의 CCTV를 막아버렸고(당일투표에서는 막지 않았다), 통합선거인명부도 내놓지 않기 때문에 실제 투표자 수를 확인하는 것은 불가능했다. 이러한 이유로 그 이후 선거부터 사전투표소 밖에서 투표소에 들어가는 사람의 숫자를 세는 사람들이 생겨났으나, 선관위가 이를 방해하고 이들을 고소하였다.

역대 사전투표자 수 1위 장소는 주로 논산훈련소(충남 논산 연무읍 제2사전투표소)였고, 2016년 20대 총선의 경우 설치된 투표함 6개에 총 12,383명이 투표한 것으로 기록되어 있다.

좌: 2020년 4월 총선에서 신중동 사전투표소의 사전투표자 수(선관위 제공)
우: 2016년 총선 당시 최다 사전투표자 수를 기록한 논산 육군훈련소

부천 신중동 사전투표소에 논산훈련소보다 1.5배 더 집약적으로 사람들이 몰리고 투표가 이루어진다는 것은 상식적으로 이해하기 어렵다. 실제로 해당 투표소에서 코로나 예방을 위해 비닐장갑을 나눠준 아르바이트생의 제보에 의하면 2일간 사전투표소를 다녀간 인원은 약 7천명 정도였다고 한다.

사전투표기간에 부천시 신중동 사전투표소에서 18,210명이 관내사전투표를 한 사실, 그 중 신중동 사전투표소에 20대 이상의 사전투표장비와 기표대가 설치되어 있었던 사실이 인정된다. 이와 같이 다수의 장비와 기표대를 이용하여 신속하고도 동시 다발적으로 투표가 진행된 사정을 고려하면, 사전투표기간인 2일 동안 한 군데 사전투표소에서 위와 같은 규모의 사전투표가 이루어지는 것이 불가능하다거나 경험칙에 현저히 반한다고 보기 어렵다. (판결문 p.19)

라. 파주시 금촌2동 투표관리관 도장 날인 없는 투표지 20장과 일련 번호지를 절취하지 못한 채 교부된 투표지 1장이 사라진 사건

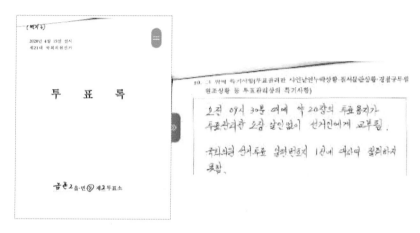

투표관리관 도장 날인 없이 투표지가 교부되었음을 기록한 파주시 금촌2동 투표록

2020년 4월 15일 제21대 총선 파주을 지역구 금촌2동 제2투표소 투표록의 특기사항 란에는 반듯한 필체로 "오전 09시 30분 약 20장의 투표용지가 투표관리관 도장 날인 없이 선거인에게 교부됨. 국회의원 선거투표 일련번호지 1건에 대하여 절취하지 못함"이라고 기재되어 있었다.

그런데 2021년 11월 12일 의정부지방법원 고양지원에서 파주을 지역구 선거에 대한 선거무효소송(대법원 2020수5080) 재검표 검증이 시행되었으나, 이 재검표 검증에서 투표록에는 아무 기록이 없었던 금촌3동 투표함에서 오히려 투표관리관의 도장이 없는 투표지 11매가 발견된 반면, 금촌2동 제2투표구에 관하여 투표관리관 도장 날인 없는 투표지들과 일련번호지가 절취되지 않은 투표지는 나타나지 않았다.

이는 2021년 11월 12일 의정부지방법원 고양지원에서 시행된 재검표 검증에서 재검표된 금촌2동 제2투표구의 투표지들이, 2020년 4월 15일 금촌2동 제2투표소에서 실제로 투표된 투표지들이 아니라, 통째로 위조된 가짜투표지일 가능성이 크다는 것이다.

파주을 재검표장에서 발견된 화살표투표지(맨 왼쪽)와 배춧잎투표지(가운데와 오른쪽)

　또한 이날 시행된 재검표 검증에서는, 문산읍 관내사전 투표지들 중 소위 배춧잎투표지 2장과 화살표투표지 1장, 더불어민주당 박정 후보 투표지 중 투표지 100장 묶음 당 21장, 24장, 26장에서 좌우 간격이 상이하고 쏠림 현상이 있는 투표지들이 나타났으며, 미래통합당 박용호 후보 투표지 6묶음에 대해 하단에 줄무늬 띠가 있는 투표지들이 나타났다.

　이러한 이상 투표지들은 문산읍 관내사전 투표지들에 집중되어 나타났는데, 투표록에도 기재되어 있지 않아 실제로 투표되었던 진정한 투표지라고 보기 어렵다.

　추측컨대 2020년 4월 15일 파주을 지역구 문산읍 관내사전투표와 관련하여, 투표지 실물 현황보다 부풀려진 숫자를 투표 결과로 공표하였다가 이후 신속하게 선거소송이 제기되고 증거보전절차가 임박하자, 선관위 발표 숫자에 정확히 맞추기 위해 투표지들을 위조하여 통째로 교체하는 범죄를 감행했을 것이다. 그 와중에 각종 이상 투표지들이 발생하였으나 시간과 상황의 제약상 이를 바로잡지 못했을 것이다. 위조 투표지들의 투입 시기는 개표 후 증거보전 전까지가 가장 유력하나, 영등포을에서 재검표를 위해 투표함을 보관해 두었던 방문의 봉인장치가 훼손된 데서 알 수 있듯이, 증거보전 후 재검표 시행 전에 이루어졌을 가능성도 배제할 수 없다.

이에 대하여, 도태우 변호사는 의정부지방검찰청 고양지청에 원고 박용호 후보를 대리하여 고소장을 제출하였다. 파주을은 4.15 총선 때 투표지에 대한 이미지파일과 재검표에서 나온 투표지의 이미지파일이 둘 다 보존되어 있기 때문에, 이 이미지파일들을 열어보면 투표관리관이 투표록에 기재한 '투표관리관 날인이 없는 20장의 투표지'가 4.15 투표 현장에 있었지만 재검표 대상 투표지들에는 없다는 것을 증명할 수 있었을 것이다. 하지만 검찰은 투표지들에 대한 이미지 비교조사나 투표관리관 등 관계자 소환 없이 '투표사무원의 착오'라는 사유로 불기소처분하였다.

마. 리셋하자 정신 차린 충남 부여와 서울 성북을의 전자개표기

중앙일보 김방현 기자가 보도한 "[단독] 4·15 총선 때 부여서 투표지 분류기 오류 사실로"라는 기사에 따르면, 4.15 총선 당일 충남 부여군 부여유스호스텔에서 진행된 개표 과정에서 의문스러운 사건이 발생했다.

옥산면 개표 과정에서 사전선거 투표용지 415장을 투표지 분류기로 분류한 결과, 기호 1번 후보로 분류된 득표함에 기호 2번 후보 표가 섞이는 현상이 발견된 것이다. 이에 기호 2번 개표 참관인이 이의를 제기했다.

참관인이 문제를 제기할 당시 기호 1번 후보가 더 많은 득표를 한 것으로 기록되어 출력된 개표상황표가 존재했다. 재분류하고 난 뒤 처음과 다른 결과가 나오자 부여군 선관위 직원이 한 사람에게 손짓하며 해당 서류를 찢으라고 했다. 이에 선거사무원으로 추정되는 사람은 그 자리에서 해당 서류를 찢었다.

이를 놓고 "투표지 분류기에 문제가 있었던 것 아니냐"는 의혹이 제기되자 김소연 변호사 등은 개표 당시 CCTV 동영상 등을 확인한 후 부여군 선관위 관계자 3명을 경찰에 고발했다. 당초 부여군 선관위 관계자는 "투표지 분류기를 작동했을 때 1번 후보 득표함에 2번 후보 투표용지가 섞이는 일은 절대 일어날 수가 없으며, 기표가 불분명한 용지는 재확인용으로 분류된다"고 해명했다. 하지만 또 다른 기사에서 부여군 선관위는, "분류기를 다시 돌려 재검표하는 일은 전국적으로 많이 있다. 예를 들어 유권자에 교부된 용지와 실제 투표한 용지 숫자가 맞지 않을 때나 재확인 투표지가 많이 쌓일 경우 분류기를 다시 돌리기도 한다"라고 설명했다(2020년 5월 14일 중앙일보 기사, <"부여개표소 분류기 이상했다" 선관위 "기계 이상없다">).

결국 415장을 재개표하여 2번 후보의 승리로 결과가 뒤바뀌는 일이 일어난 것이다. 만약 전자투표지분류기에만 의존하여 개표를 진행했다면, 엄청난 문제가 생겼을 것이지만, 다행히 기호 2번 참관인이 이 상황을 면밀하게 주시하고 적절한 요청을 하여 원래의 결과대로 선거가 마무리 될 수 있었다.

또한 같은 21대 총선 당시 서울 성북구 개표소에서도 비슷한 일이 발생한 바 있다. 실제로는 투표지가 총 1,810표인데, 전자개표기에서는 계속 1,680표로 계수되는 문제였다. 몇 차례에 걸쳐 지속되던 문제를 해결하기 위해 결국 해당 투표지 분류기를 리셋한 결과 정상적으로 1,810표로 카운트 되었다. 이에 대해 당시 선관위 직원은 "1,810이 맞는데 기계가 오류가 나서 1,680으로 찍힐 수도 있거든요."라고 대답했다(유튜브 채널 <공선감TV>). 7%의 오류가 나는 일이 있을 수 있는 기계를 왜 개표에 사용하는 걸까? 과거 전자 투표지 분류기 도입 당시 선관위는 1%의 오류도 없다고 공언했었다.

바. 서울 영등포을의 바뀐 투표함 보관실 문고리

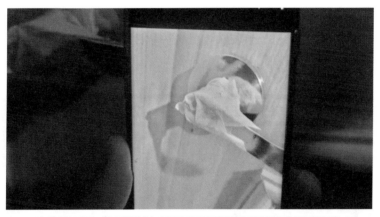

2021년 8월 영등포을 투표함 보관실 앞에서, 1년 전인 2020년 5월 촬영한 문고리 사진을 현장과 비교하는 모습
현장과 이미지 속의 문고리 봉인 상태가 확연히 다르다.

2021년 8월 30일 서울남부지방법원에서 영등포을 재검표가 있었다. 원고대리인 박주현 변호사, 차기환 변호사와 원고 박용찬은 재검표를 시작한 후 투표함 보관실로 갔다. 조재연 대법관이 주심이었다. 그런데 원고 박용찬이 2020년 5월경 증거보전을 하면서 문고리 잠금 장치 봉인상태 사진을 촬영해두었는데, 그 사진과 현장을 비교해본 결과 봉인지를 뜯어서 새로 입힌 사실이 발견되었다.

아래 비교 사진에서처럼 봉인테이프가 마무리된 각도, 판사의 도장 위치, 뒤쪽 봉인테이프의 모습 등이 너무나 달라 누가 봐도 이 둘은 같은 모습이 아니었다. 주심인 조재연 대법관도 현저히 다른 모습에 달리 대꾸를 하지 못했다. 당시 증거보전을 담당했던 판사만이 박용찬 후보나 소송대리인들이 입회한 증거보전은 단 한 번뿐이었음에도 '증거보전을 두 번 했다', '안에 문이 두 개 있다'며 요령부득의 말을 반복했다.

즉 부정선거 범죄자가 봉인지를 뜯고 투표함 또는 투표지를 교체하고 작업한 흔적을 남긴 것이다. 부정선거 범죄자들은 법원에 보관된 투표지를 바꾸는 과감함을 보였다. 법원 내부에 조력자(그것도 CCTV나 경비의 단속을 피할 수 있을 정도의 권력자)가 없으면 불가능한데, 이런 일도 서슴없이 자행한 것이다. 법원과 선관위의 유착관계가 또 다시 증명된 순간이었다.

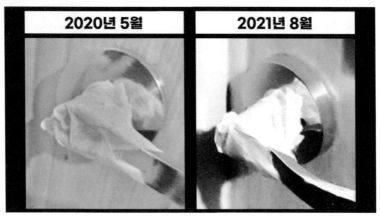

2021년 영등포을 재검표 당시 투표지 보관 장소의 문고리 봉인 사진 비교

이 재검표가 있기 일주일 전인 2021년 8월 23일, 울산지방법원에서 경남 양산을에 대한 재검표가 있었다. 그 당시 인쇄전문가가 재검표 현장에

참석했었는데, 재검표장에서 발견된 투표용지가 100g/㎡이 아닌 150g/㎡이라는 점이 지적되어 재검표장에서 투표지 무게를 잴 것을 요청하였으나, 주심인 대법관 조재연은 이를 거부했다. 그런데 영등포을 재검표장에서는 대법관 조재연이 무게 재는 것을 허가했다. 투표함 보관실 문이 바뀌게 된 것과 양산을에서는 거부했던 투표지 무게 재는 것을 영등포을에서는 허용한 것이 관련성이 있지 않을까?

또한 영등포을에서는 관외사전투표함 4개 박스 안에 모두 개표상황표가 들어 있지 않은 기현상이 나타나기도 했다. 선관위는 원고의 계속된 요청에도 개표상황표 원본을 법원에 제출하지 않았다.

법원 내 증거보전 장소의 출입문 봉인이 파손되었다는 것은 증거보전의 의미가 사라졌다는 것을 의미한다. 이는 증거보전 이전에 부정투표지가 투입된 정황 이상으로 큰 충격을 주는 일이 아닐 수 없다. 연속된 재검표에서 부정투표지가 속출하자, 부정선거의 흔적을 최대한 지우려 한 범죄자들이 증거보전 장소에 침투했던 것이 아닌지 의혹을 지울 수 없다. 이렇게 증거보전의 무결성이 깨뜨려졌음에도 영등포을 재검표에서는 여전히 수많은 부정투표지의 전형적인 유형들(기표인 이상, 서로 붙은 투표지, 테이프로 발라진 투표지, 한쪽으로 쏠린 투표지, 붉은 선이 그어진 투표지의 연속 등)이 속출했다.

> 개표 후 증거 보전 전에 당일투표지와 일부 관내사전투표지를 다량 위조하여 진정한 투표지와 대체하였다면, 용지 구입, 인쇄, 날인 등 작업을 거쳐 만든 위조 투표지가 들어 있는 보관상자와 진정한 투표지 보관상자를 개표일부터 증거보전일 사이에 바꿔치기 하였어야 한다. (판결문 p.5)

영등포을 재검표 변론조서 일부

현장사진 3, 4 : 검증물 보관장소(411호 배심원협의실)로 이동, 시건상태를 확인 한 후 이를 해제하고 입장

현장사진 5 : 위 3번 손잡이 부분을 확대, 6 : 검증물 보관장소(411호)에 보관 중인 검증목적물 현황

나. 검증물 보관 장소에서 보관상태 검증(별지 6 참조)

    1) 검증물 보관 장소인 서울남부지방법원 411호 배심원협의실 출입문의 시건 및 봉인상태 확인

    2) 위 출입문의 봉인상태를 확인 후 시건장치인 봉인된 자물쇠를 받아 주출입문을 개방하고 입장

    3) 검증목적물의 수량, 봉인 및 적재상태를 확인한 후 검증물 일체를 검증장소로 이동

    4) 당사자의 주장

      가) 원고 대리인

        ① 관외사전 투표지 상자 옆면에 선거관리위원장 봉인 인이 없다.

        ② 원고 측에서 증거보전절차를 종료한 후 봉인한 출입문의 봉인상태를 촬영한 사진에 의하면 손잡이에 봉인 후 날인한 인영의 위치가 당시 촬영한 위치와 다르다.(별지 6 참조)

맺는 말 : 판결이 향후에 미칠 영향

법은 과거에 대한 언어이며 정치는 미래에 대한 언어이고 연설은 현재에 대한 언어이다.

— 아리스토텔레스, 『수사학』 중에서

그 위대한 판사(레무엘 쇼(Lemuel Shaw, 1781~1861) 메사추세츠주 대법원장)의 강점은 그가 재판장으로 있는 공동체의 요구를 정확하게 이해하는 데 있었기 때문이다.

— 올리버 웬델 홈스 2세, 『보통법』 중에서

연수을 선거무효소송에 대해 입증부족으로 원고를 패소시킨 대법원의 태도가 판례로 굳어진다면, 선거소송은 앞으로 무력화될 것이 거의 확실하다. 이번 연수을 소송에서 나온 물증과 증언의 수준에도 불구하고 범죄 경위 전체를 수사권 없는 원고가 다 밝히지 못했다고 해서 원고를 패소시킨다면, 향후 선거소송에서 원고가 승소할 확률은 사실상 0에 가깝다. 이는 향후 부정선거의 만연과 민주주의의 쇠락으로 연결될 것이다. 2022년 7월 28일 대법원의 판결이 주목되었던 이유다.

법은 과거의 사실을 다루지만 동시에 미래의 방향성을 고민해야 한다. 우리 공동체의 요구가 부정선거 조장인가, 부정선거 방지인가?

재판을 담당한 조재연, 천대엽, 이동원 3인의 이름은 역사에서 그 오명을 지울 수 없다. 대한민국의 자유민주주의를 지키고자 하는 시민들의 정신이 살아 있는 한, 이 최악의 판결은 탄핵 이래 사법 흑역사의 정점을 찍은 사건으로 영원히 기록될 것이다. 그리고 반드시 재심으로 바로잡히고야 말 것이다.

영국과 미국을 위대하게 만든 사법부의 지혜와 정반대의 길을 가 버린 대법원의 그릇된 행보를 규탄한다!

120년 전 이승만 대통령이 한성감옥에서 쓴 『독립정신』 서문의 정신이 되살아나는 때다.

"우리나라에서 중간층 이상의 사람이나 한문을 안다는 사람들은 대부분 썩고 잘못된 관습에 물들어 기대할 것이 없고, 그들의 주변 사람들도 비슷하다. 이 말이 너무 심하게 들릴지 모르나 현실을 보면 헛된 말이 아닌 줄 알 것이다. 진심으로 바라는 바는 우리나라의 무식하고 천하며 어리고 약한 형제자매들이 스스로 각성하여 올바로 행하며, 다른 사람들을 인도하여 날로 국민정신이 바뀌고 풍속이 고쳐져서 아래로부터 변하여 썩은 데서 싹이 나며 죽은데서 살아나기를 원하고 또 원하는 바이다."

맨손의 자유 시민들로부터 대한민국의 선진 법치와 자유민주주의는 부활할 수밖에 없다. 한반도 문명의 대전환은 아직도 맹렬히 진행 중이다. 선진 근대 문명국가를 수립하려던 건국 선조들의 꿈은 결코 헛되지 않을 것이다. 문명의 횃불은 계속 이어져 전해질 것이다. 진실과 정의는 마침내 승리의 깃발을 휘날리게 될 것이다.

자유 대한민국 만세!

참고자료

대법원 2020수30
국회의원선거무효 사건 판결문

사	건	2020수30 국회의원선거무효
원	고	민경욱

인천 연수구 컨벤시아대로 69, 2층(송도동, 송도 밀레니엄)

소송대리인 변호사 이동환, 도태우, 박주현, 유정화

소송복대리인 변호사 구상진, 윤용진

소송대리인 법무법인 동진

담당변호사 김모둠, 석동현

소송대리인 법무법인 청안로

담당변호사 현성삼

소송대리인 법무법인 황앤씨

담당변호사 권오용

피	고	인천 연수구 선거관리위원회 위원장

소송수행자 정영예, 강준섭, 이병철, 장병호, 김현준, 최동균,

　　　　　조영진, 구원우, 이웅용, 여민혜, 류현정, 주민선,

　　　　　이재홍, 봉주형, 최희영

소송대리인 법무법인 시완

담당변호사 최길림, 권현정, 최희원

- 1 -

| 변 론 종 결 | 2022. 5. 23. |
| 판 결 선 고 | 2022. 7. 28. |

주 문

원고의 주위적 청구 및 예비적 청구를 모두 기각한다.

소송비용 중 감정비용은 각자가 부담하고, 나머지 비용은 원고가 부담한다.

청 구 취 지

주위적 청구 : 2020. 4. 15. 실시된 제21대 국회의원 선거 중 인천 연수구 을 지역구 국회의원 선거를 무효로 한다.

예비적 청구 : 피고가 2020. 4. 15. 실시된 제21대 국회의원 선거 중 인천 연수구 을 지역구 국회의원 선거에서 정일영을 당선인으로 한 결정은 이를 무효로 한다.

이 유

1. 기초사실

2020. 4. 15. 실시된 제21대 국회의원 선거 중 인천 연수구 을 지역구 국회의원 선거(이하 '이 사건 선거'라 한다)에서 전체 투표수 127,166표 중 더불어민주당 정일영 후보자는 52,806표, 미래통합당 후보자인 원고는 49,913표, 정의당 이정미 후보자는 23,231표, 국가혁명배당금당 주정국 후보자는 425표를 각 득표하였다는 이유로 피고가 그 중 최고득표자인 정일영을 당선인으로 결정한 사실은 당사자 사이에 다툼이 없다.

2. 주위적 청구(선거무효 청구)에 대한 판단

- 2 -

가. 원고 주장의 요지

원고는 이 사건 선거의 당일투표에서 1위를 하였으나 사전투표에서 2위를 하여 결과적으로 2,893표 차이로 낙선하자, 이 사건 선거 과정 전반에 걸쳐 다음과 같은 부정선거 행위가 있었으므로 선거무효사유에 해당한다고 주장하면서 이상(異狀) 투표지의 존재 등을 부정선거의 주된 근거로 들고 있다.

원고의 주장에 따르면, '성명불상의 특정인'이 ① 투표 단계에서 전국적으로 조작된 투표 결과 수치의 대강을 확정한 다음 서버 등을 통해 사전투표 수를 부풀린 뒤, 위조된 불법 사전투표지를 다량 제조하여 사전투표함에 투입하였고, ② 개표 단계에서도 투표지 분류기(원고는 '전자개표기'라고 표현하나, 선거관리위원회에서 사용하는 명칭은 '투표지 분류기'이다)와 서버 등 전산조직을 통해 당일투표지에 대하여도 개표상황표의 수치와 결과공표 수치를 조작하여 목표된 결과 수치에 접근시켰으며, ③ 개표 후 증거보전 이전에, 선거소송에 따른 재검표 검증에 대비하여 다량의 위조된 당일투표지와 일부 관내사전투표지를 급조하여 기존 투표지를 대체하여 투입하였다는 것이다.

나. 선거소송의 무효사유와 주장·증명책임

1) 선거무효사유

선거무효사유가 되는 '선거에 관한 규정에 위반된 사실'은, 기본적으로 선거관리의 주체인 선거관리위원회가 선거사무의 관리집행에 관한 규정에 위반한 경우와 후보자 등 제3자에 의한 선거과정상의 위법행위에 대하여 적절한 시정조치를 취함이 없이 묵인·방치하는 등 그 책임으로 돌릴 만한 선거사무의 관리집행상 하자가 있는 경우를 말하지만, 그 밖에도 후보자 등 제3자에 의한 선거과정상의 위법행위로 인하여 선거인들이 자유로운 판단에 의하여 투표를 할 수 없게 됨으로써 선거의 기본이념인 선거의

- 3 -

자유와 공정이 현저히 저해되었다고 인정되는 경우를 포함한다. '선거의 결과에 영향을 미쳤다고 인정하는 때'는 선거에 관한 규정의 위반이 없었더라면 선거의 결과, 즉 후보자의 당락에 관하여 현실로 있었던 것과 다른 결과가 발생하였을지도 모른다고 인정되는 때를 말한다(대법원 2005. 6. 9. 선고 2004수54 판결 등 참조).

  2) 선거소송에서 증명책임의 소재

  원고는 선거소송과 같이 증거의 구조적 편재가 있는 사안에서, ① 피고가 이 사건 선거를 관리한 사실, ② 이 사건 선거에서 정상적이지 않은 투표지와 이상 상황이 나타난 사실, ③ 이 사건 선거에서 원고가 낙선한 사실 등을 원고 측이 밝히면, 피고 측에서 정상적이지 않은 투표지와 이상 상황이 왜 문제되지 않는지 또는 그러한 문제가 있음에도 왜 이 사건 선거의 유효성을 뒤집을 수 없는 것인지를 증명할 책임이 있다고 주장한다.

  살피건대, 공직선거법 제222조에 규정된 선거소송은 선거의 적법성을 실현하기 위한 소송으로, 그 결과에 따라 선거를 통해 구성된 국가기관의 지위에 영향을 미칠 수 있다는 점에서 선거무효사유의 심리와 판단은 신중히 이루어져야 한다.

  선거무효사유는 선거라는 일련의 과정에서 선거에 관한 규정을 위반한 사실이 있고, 그로써 선거의 결과에 영향을 미쳤다고 인정될 때에 한하여 인정되는데, 공직선거법 관련 법령이 선거인명부의 작성, 투표에서부터 개표 및 그 결과의 공표 과정에 이르기까지 모든 과정에서 투표참관인 또는 개표참관인 등의 참여를 보장하는 등 선거 전반에 걸친 선거관리위원회의 선거관리 과정이 후보자를 추천한 정당을 비롯한 외부에 공개된다.

  이와 같은 선거소송의 성격과 그 결과의 중대성, 공직선거법에 규정된 선거관리 체

- 4 -

계 및 절차 등에 비추어 보면, 선거의 결과에 이의를 제기하여 법원에 소송을 제기하는 사람은 선거에 관한 규정에 위반된 사실에 관하여 그 위반의 주체, 시기, 방법 등을 구체적으로 주장·증명하거나 적어도 선거에 관한 규정에 위반된 사실의 존재를 합리적이고 명백하게 추단할 수 있는 사정이 존재한다는 점을 구체적인 주장과 증거를 통하여 증명할 것이 요구된다. 이와 달리 선거 관련 규정에 위반되었다는 사실과 구체적·직접적으로 어떠한 관련이 있다는 것인지 알기 어려운 단편적·개별적인 사정과 이에 근거한 의혹만을 들어 선거소송을 제기하여 그 효력을 다투는 것으로 선거무효사유의 증명책임을 다하였다고 볼 수는 없다.

3) 이 사건의 경우

가) 선거 관련 규정을 위반한 주체의 존부

선거무효사유인 선거에 관한 규정에 위반된 사실을 판단하기 위해서는 먼저 그러한 사실의 행위주체가 선거관리위원회인지 아니면 제3자인지가 구분되어야 한다. 그럼에도 원고는 변론종결에 이르기까지 이른바 부정선거의 주체를 명확하게 밝히지 못하고 '성명불상의 특정인'이라고만 주장하였다.

원고의 주장처럼 투표 단계에서 위조된 사전투표지를 투입하기 위해서는, 사전투표지의 위조를 위한 용지 구입, 인쇄, 날인 작업이 선행되어야 하고, 실시간으로 발표되는 사전투표자의 수를 부풀리기 위한 중앙선거관리위원회 서버의 보안을 뚫고 침투하는 등의 전산 조작이 필요하다. 나아가 개표 단계에서 사전투표를 위한 통합선거인명부를 관리하고 개표 결과를 집계하는 서버의 내용도 조작하였어야 한다. 개표 후 증거보전 전에 당일투표지와 일부 관내사전투표지를 다량 위조하여 진정한 투표지와 대체하였다면, 용지 구입, 인쇄, 날인 등 작업을 거쳐 만든 위조 투표지가 들어 있는 보관

- 5 -

상자와 진정한 투표지 보관상자를 개표일부터 증거보전일 사이에 바꿔치기 하였어야 한다.

그런데 이 사건 선거를 비롯한 모든 선거의 투·개표 절차 전반에 걸쳐 선거관리위원회 직원, 원고를 추천한 미래통합당을 비롯한 정당 추천의 선거관리위원 및 참관인, 공무원인 개표종사원 등 수많은 인원이 참여하였고, 이는 처음부터 예정된 공지의 사실이다. 이처럼 수많은 사람들의 감시 하에서 위와 같은 부정한 행위를 몰래 하기 위해서는 고도의 전산 기술과 해킹 능력뿐만 아니라 대규모의 인력과 조직, 이를 뒷받침할 수 있는 막대한 재원이 필요하다.

그러나 원고는 이 사건 소 제기일부터 변론종결일까지 약 2년 이상 재판이 진행되었음에도, 위와 같은 선거무효사유에 해당하는 부정선거를 실행한 주체가 존재하였다는 점에 관하여 증명을 하지 못하였다.

나) 선거 관련 규정에 위반된 사실에 대한 구체적인 주장·증명이 있는지 여부

선거에 관한 규정에 위반된 사실이 인정되려면, 행위자뿐만 아니라 위반된 사실이 일어난 일시, 장소, 행위의 실행 방법 등에 관한 구체적 주장과 함께 이를 뒷받침하는 증거가 제출되어야 한다.

그러나 원고의 주장은 막연히 '누군가' 사전투표지를 위조하여 투입하고 전산 등을 통하여 개표 결과를 조작하고 나중에 투표지를 교체하였다는 것에 그칠 뿐이다.

또한, 원고는 증거보전된 사전투표지에 인쇄된 QR코드에 선거관리위원회가 인천 연수구 을 선거구에 부여한 일련번호 외의 일련번호가 기재되어 있거나 중복된 일련번호 혹은 임의의 일련번호가 기재되어 있다고 주장하였다. 만약 증거보전된 사전투표지에 비정상적인 일련번호가 기재되어 있다면 원고의 주장과 같이 위조된 투표지가 투입되

- 6 -

였음을 의심할 근거가 될 수도 있다. 그러나 뒤에서 보는 바와 같이 2021. 6. 28. 실시된 검증기일에서 사전투표지 45,593매의 이미지를 생성하여 원고가 제공한 프로그램을 통하여 QR코드를 판독한 결과, 선거관리위원회가 인천 연수구 을 선거구에 부여한 일련번호 이외의 일련번호가 기재되어 있는 사전투표지는 존재하지 않았고, 중복된 일련번호가 기재되어 있는 사전투표지 역시 존재하지 않았다.

원고는 위 검증기일에서 정규의 투표용지 아닌 투표용지에 기표된 투표지가 존재한다고 주장하였다. 만약 정규의 투표용지와 규격, 재질 등이 상이한 투표지가 존재한다면 이 역시 외부에서 불법으로 제작된 투표지가 투입되었음을 의심할 수 있는 근거가 되었을 것이다. 그러나 검증기일에서 원고가 비정상 투표지라고 골라낸 투표지에 대한 감정결과 정상 투표용지에 기표된 것으로 확인되었다.

따라서 원고가 제시한 주요 증거방법에 대한 증거조사 결과는 원고의 주장에 부합하지 아니한다.

다) 위조 투표지 투입과 전산조작 주장의 양립가능성 문제

원고의 주장처럼 개표 단계에서 전산조작을 통하여 투표 결과를 조작할 수 있었다면 투표 단계에서 미리 위조된 사전투표지를 투입할 필요 없이 전산조작을 통하여 성명불상의 특정인이 예정한 투표 결과를 작출한 다음 검증이 예상되는 지역구에 한정하여 소송제기 후 증거보전 전에 조작된 투표 결과에 부합하도록 사전투표지 및 당일투표지를 위조하여 진정한 투표지와 교체하는 것만으로 충분하다. 그럼에도 투표 단계에서부터 전국에 걸쳐 위조된 사전투표지를 투입하기 위하여 불필요한 비용과 노력을 들이는 등 적발될지도 모를 위험을 이중으로 감수할 필요가 없었을 것이다. 전국적으로 253개의 선거구에 동시에 위조된 사전투표지를 투입한다는 것 자체가 통상적 이해의 범위를

- 7 -

넘어서는 것이기도 하다. 그러므로 투표 단계에서 사전투표지를 위조하여 투입하였다는 주장과 개표 단계에서 전산을 조작하였다는 주장은 좀처럼 양립하기 어려운 주장이라고 볼 수밖에 없다.

4) 소결

결국 선거무효사유에 관한 증명책임이 있는 원고가 이 사건 선거에서 위조 투표지의 투입·전산조작 등의 중대한 범죄행위가 대규모로 있었다고 주장하면서도, 그 행위 주체의 존부 및 방법을 구체적으로 증명하지 못한 채 외견상 정상적이지 않은 듯한 투표지가 일부 보인다는 등의 의혹 제기만으로 증명책임을 다한 것으로 볼 수는 없다.

다. 구체적인 선거무효사유에 대한 판단

1) 사전 투표 단계에서 부정한 개입이 있었다는 주장에 대하여

가) 원고의 이 부분 주장의 요지는, '누군가가' 다량의 사전투표지를 위조하여 투입하였다는 것이다.

(1) 먼저 사전투표지 또는 사전투표함의 이동·관리와 관련하여 이 사건 선거 당시 시행 중이던 공직선거법령의 관련 규정 내용은 다음과 같다.

정당·후보자 등은 후보자마다 사전투표소별로 2명의 사전투표참관인을 선정하여 구·시·군선거관리위원회(이하 '구·시·군위원회'라 한다)에 신고하여야 한다. 사전투표관리관은 투표참관인의 참관 하에 사전투표소에서 투표를 개시하는 때 사전투표함 및 기표소 내외의 이상 유무에 관하여 검사한다. 관내사전투표함의 경우 사전투표기간이 종료되면, 사전투표참관인의 참관 하에 해당 투표함 투입구와 자물쇠에 특수 봉인지를 부착한 다음 사전투표관리관 및 정당 또는 후보자별로 신고한 사전투표참관인 각 1명이 서명하도록 하여 봉인하고 이를 관할 구·시·군위원회에 인계하는데, 이 경우

- 8 -

후보자별로 사전투표참관인 1인과, 호송에 필요한 정복을 한 경찰공무원 2인을 동반시킨다. 관외사전투표의 경우, 사전투표참관인의 참관 하에 사전투표함을 개함하고 사전투표자수(관외사전투표의 회송용 봉투 수)를 계산한 후 후보자별로 사전투표참관인을 1명씩 지정하여 해당 우체국까지 동행하도록 하여 관할 우체국장에게 인계하고 등기우편으로 발송한다.

구·시·군위원회는 사전투표소로부터 인계받은 관내사전투표함을 해당 구·시·군위원회의 정당추천위원의 참여 하에 투표함의 봉쇄·봉인 상태를 확인하고 보관하여야 한다. 우편으로 송부된 사전투표를 접수한 때에는 통합선거인명부에 그 접수일시를 기재한 후 당해 구·시·군위원회의 정당추천위원의 참여 하에 즉시 우편투표함에 투입하여 보관하여야 한다. 구·시·군위원회는 사전투표함을 정당 또는 후보자마다 1인의 개표참관인의 참관 하에 선거일 오후 6시가 지나서 개표소로 옮긴다. 개표소에 도착한 투표함은 개표참관인의 참관 하에 투표함의 봉쇄와 봉인을 검사한 후 열어야 한다(이상 2020. 4. 15. 국회의원 선거 당시 시행 중이던 공직선거법 제155조 제4항, 제158조 제6항, 제162조, 제170조 제2항, 제176조, 제177조 제1항, 공직선거관리규칙 제86조 제9항, 제92조의2 제1항, 제2항, 제96조 제1항, 이하 각 규정별 연혁표시는 생략한다).

(2) 이 사건 선거 또한 위와 같은 사전투표 과정 및 투표를 마친 사전투표지가 투입된 사전투표함의 이동 과정에서 관련 규정에 따라 각 정당추천위원 또는 참관인들(이에는 원고가 소속된 정당이 신고한 투표참관인도 포함되어 있다)의 참여 기회가 주어졌음이 명백하다.

그럼에도 그 과정을 참관한 투표참관인들이 이 사건 선거의 사전투표 과정에서 부정한 투표지가 투표함에 투입되거나 투표함이 교체되었다거나 그 봉인·봉함이 훼손되었

- 9 -

다는 등의 이의제기를 하였다는 정황이 없고 달리 이와 관련하여 위조된 사전투표지가 투입되었다고 볼 만한 구체적인 정황을 찾을 수 없다(원고가 다른 지역 투표함의 봉인지 서명 문제에 관하여 제출한 증거 및 이를 근거로 주장하는 사정들은 이 사건 선거와 무관하다).

나) 원고가 주장하는 사정만으로는 이 사건 선거의 사전투표 단계에서 이미 위조된 사전투표지가 투입되었거나 그와 같은 가능성이 있음이 합리적으로 추론된다고 볼 수 없고, 선거관리사무의 관리 집행에 어떠한 잘못이 있다고 볼 수도 없으며, 달리 이를 인정할 증거도 없다. 그 이유는 아래와 같다.

(1) 사전투표관리관인의 인쇄날인이 공직선거법 제158조 제3항에 위반된다는 주장에 대하여

공직선거법 제158조 제3항은 "사전투표관리관은 투표용지 발급기로 투표용지를 인쇄하여 '사전투표관리관' 칸에 자신의 도장을 찍은 후 일련번호를 떼지 아니하고 회송용 봉투와 함께 선거인에게 교부하여야 한다."고 규정하고 있는데, 그 취지가 사전투표관리관이 자신의 성명이 각인된 도장을 직접 사전투표용지에 날인할 것을 전제하는 것은 아니다(대법원 2019. 9. 26. 선고 2017수122 판결 참조).

공직선거법은 투표용지에 날인될 관할 선거관리위원회의 청인은 인쇄날인으로 갈음할 수 있고(제151조 제4항), 투표용지의 날인·교부방법 및 기표절차 그 밖에 필요한 사항은 중앙선거관리위원회규칙으로 정하도록 규정하였다(제157조 제8항). 그 위임에 따라 공직선거관리규칙 제84조 제3항은 사전투표관리관이 투표용지에 자신의 도장을 찍는 경우 날인은 인쇄날인으로 갈음할 수 있도록 규정하고 있는데, 이는 투표용지에서 가장 중요한 관할 선거관리위원회의 청인을 인쇄날인할 수 있다는 공직선거법 규정

- 10 -

을 참고하여 사전투표의 효율적 진행을 위하여 사전투표관리관의 날인도 인쇄할 수 있도록 규정한 것으로, 공직선거법의 위임범위를 일탈하였다고 볼 수 없다(대법원 2021. 12. 10. 선고 2017수61 판결 참조).

한편, 사전투표관리관은 사전투표소의 투표사무원에 대하여 투표관리사무 처리에 필요한 지시·감독을 할 수 있으므로(공직선거관리규칙 제67조 제3항), 투표사무원에게 투표용지 발급기를 이용한 투표용지의 발급·교부 절차를 수행하도록 지시할 수 있다.

따라서 이 사건 선거에서 사전투표관리관이 투표사무원에게 지시하여 사전투표용지에 사전투표관리관의 날인을 인쇄날인하도록 한 것은 관련 법령에 따른 적법한 선거사무의 관리집행에 해당한다. 이와 다른 전제에서 사전투표관리관인을 인쇄날인한 사전투표용지가 정규의 투표용지라고 볼 수 없어 무효라는 취지의 원고의 주장은 이유 없다.

(2) 특별사전투표소의 운영 등이 위법하다는 주장에 대하여

공직선거법상 사전투표소의 설치에 관한 규정은 다음과 같다. 구·시·군위원회는 관할구역의 읍·면·동마다 1개소씩 사전투표소를 설치·운영하여야 하고, 읍·면·동 관할구역에 군부대 밀집지역 등이 있는 경우 해당 지역에 사전투표소를 추가로 설치·운영할 수 있다(제148조 제1항). 사전투표소를 설치할 때에는 선거일 전 9일까지 그 명칭·소재지 및 설치·운영기간을 공고하여야 한다(제148조 제2항). 구·시·군위원회는 투표에 관한 사무를 관리하기 위하여 사전투표소마다 사전투표관리관 1명을 선거일 전 60일부터 선거일 후 10일까지 위촉·운영하여야 한다(제146조의2 제1항, 공직선거관리규칙 제67조 제1항). 정당·후보자·선거사무장 또는 선거연락소장은 후보자마다 사전투표소별로 2명의 사전투표참관인을 선정하여 선거일 전 7일까지 구·시·군위원

회에 서면으로 신고하여야 한다(제162조 제2항). 사전투표참관인의 선정이 없거나 한 후보자가 선정한 사전투표참관인밖에 없는 때에는 관할 구·시·군위원회가 선거권자 중에서 본인의 승낙을 얻어 4인에 달할 때까지 선정한 자를 사전투표참관인으로 한다 (제162조 제3항).

갑제127호증, 제128호증, 을제34호증 내지 제38호증(각 가지번호가 있는 것은 가지 번호 생략, 이하 같다)의 각 기재에 변론 전체의 취지를 종합하면, 중앙선거관리위원회 는 코로나19 확진 판정으로 시설에 격리되어 이동이 제한된 선거인이 투표권을 행사할 수 있도록 전국 8개소에 특별사전투표소를 설치하기로 결정한 사실, 경주시선거관리위 원회는 선거일 9일 전인 2020. 4. 6. 양남면제2사전투표소의 설치를 공고하고 2020. 4. 8. 사전투표관리관을 위촉한 사실, 한편 경상북도선거관리위원회는 각 정당 대표자에게 특별사전투표소에서 참관을 할 사전투표참관인을 신청할 것을 안내하였으나, 각 정당 으로부터 사전투표참관인 선정·신고가 없어 결국 선거권자 중에서 참관인 4인을 선정 한 사실이 인정된다.

위 인정사실에 의하면, 양남면제2사전투표소를 비롯하여 전국 8개소에 설치된 특별 사전투표소는 공직선거법 제148조 제1항 등 사전투표소 설치에 관한 규정에 근거하여 격리 치료를 받아 이동이 자유롭지 못한 환자의 선거권을 보장하기 위하여 해당 지역 을 관할하는 구·시·군위원회가 적법하게 공고·설치하고 사전투표참관인을 선정한 것으로 볼 수 있다. 다만 양남면제2사전투표소의 사전투표관리관은 공직선거관리규칙 제67조 제1항에 정한 선거일부터 60일 이전이 아닌 2020. 4. 8.에 비로소 위촉되기는 하였으나, 이는 위 사전투표소가 미리 예측할 수 없었던 코로나19 확진자 격리라는 사 전투표 수요발생으로 선거일에 임박하여 설치됨에 따라 위 규정이 정한 선거일 60일

- 12 -

이전에 사전투표관리관을 위촉할 수 없었던 불가피한 사정이 있었기 때문이므로, 양남면제2사전투표소를 포함하여 제21대 국회의원 선거를 위하여 전국에 설치된 특별사전투표소의 설치·운영 과정이 선거에 관한 규정에 위반되었다고 보기 어렵고, 특별사전투표소가 설치·운영되었다는 사정을 이유로 위조된 사전투표지가 투입되었다고 추단할 수도 없다.

원고는 선거정보통신망이 깔린 임시사무소가 운영된 사실을 문제로 지적하기도 하나, 을제42호증, 제43호증의 각 기재, 2020. 12. 14.자 현장검증 결과에 의하면 사전투표시 통합선거인명부 조회를 위하여 사용되는 '선거전용통신망'은 선거관리 업무에 사용되는 '선거정보통신망'과 망 분리가 되어 운영되는 사실이 인정된다. 그밖에 원고는 이 사건 선거무효사유와 임시사무소 운영 사이에 어떠한 관련이 있다는 것인지에 대한 구체적인 주장을 하지 못하였다.

따라서 특별사전투표소와 선거정보통신망이 깔린 임시사무소의 운영이 위법하여 이 사건 선거무효사유에 해당한다는 취지의 원고의 주장도 이유가 없다.

(3) 사전투표용지 발급 방식으로 다량의 위조투표지 제조가 용이해졌다는 주장에 대하여

투표용지 발급기는 봉함·봉인된 상태에서 사전투표관리관에게 인계되고, 사전투표용지의 발급과 투표용지의 투입, 사전투표함의 인계 등 전 과정에 참관인의 참여가 보장되고 있음은 앞서 살펴본 바와 같으므로, 사전투표용지를 프린터로 인쇄·교부하였다는 사정만으로 사전투표지의 위조 가능성이 추단된다고 볼 수 없다.

따라서 사전투표관리관인을 인쇄하여 사전투표용지를 프린터로 발급하도록 하였기 때문에 다량의 위조투표지 제조가 용이해졌다는 취지의 원고의 주장도 이유가 없다.

- 13 -

(4) 사전투표용지에 사용된 QR코드 관련 주장에 대하여

(가) 공직선거법 제151조 제6항은 사전투표용지의 발급에 관하여 "투표용지에 인쇄하는 일련번호는 바코드(컴퓨터가 인식할 수 있도록 표시한 막대모양의 기호를 말한다) 형태로 표시하여야 하며 바코드에는 선거명, 선거구명 및 관할 선거관리위원회명을 함께 담을 수 있다."고 규정하고 있다.

위와 같이 공직선거법 제151조 제6항에서 외래어인 바코드를 설명하기 위하여 괄호 안에 '컴퓨터가 인식할 수 있도록 표시한 막대 모양의 기호'라고 부기한 점, QR코드 또한 2차원으로 구현된 바코드의 일종인 점, 1차원 바코드가 표시하는 정보의 양이 제한적이므로 공직선거법 제151조 제6항에서 들고 있는 선거명, 선거구명 및 관할 선거관리위원회명을 담기 위해서는 2차원 바코드를 사용할 필요가 있는 점, 통상적으로 사용되는 바코드라는 용어는 QR코드 등 2차원 바코드를 포함하는 의미로 사용되고 있고 법원 판결문, 헌법재판소 결정문 등에 인쇄되어 있는 2차원 바코드인 장애인용 음성변환 출력기 부호 역시 바코드라고 불리고 있는 점 등에 비추어 보면, 사전투표용지에 QR코드를 인쇄하였다는 이유만으로 일련번호를 QR코드로 표시한 것이 공직선거법 제151조 제6항에 위배된다고 볼 수 없다(대법원 2021. 11. 11. 선고 2018수20 판결 참조).

(나) 나아가 이 법원은 2021. 6. 28. 검증절차에서 이 사건 선거와 관련하여 증거보전된 투표지 중 사전투표지에 대하여 투표지 분류기를 이용하여 이미지를 추출한 후 원고의 요청에 따라 원고가 제공한 프로그램을 이용하여 해당 투표지에 담긴 QR코드 및 2020. 4. 15. 선거일 당시 개표 절차에서 생성된 투표지 이미지 파일을 분석하였다.

그 결과 이 사건 선거의 총 사전투표수 45,593표(관외사전투표수 12,948표 + 관내사

전투표수 32,645표) 중 이미지가 생성된 45,565표 및 2020. 4. 15. 선거일 당시 생성된 투표지 이미지 45,358표(투표지가 훼손되는 등으로 투표지 분류기가 인식하지 못하는 투표지는 이미지가 생성되지 않았다)에 인쇄된 QR코드 모두 공직선거법 제151조 제6항에서 QR코드에 담을 수 있도록 규정한 정보인 선거명, 선거구명 및 관할 선거관리위원회를 나타내는 숫자 24자리와 일련번호 7자리가 표시되어 있었고, 거기에 선거인에 관한 정보 등 원고가 의혹을 제기한 관련 정보는 나타나지 않았다. 사전투표지 QR코드에 나타난 일련번호의 마지막 번호 역시 피고가 이 사건 선거에 마지막으로 부여한 최종 일련번호라고 주장한 45,610(투표수 45,593표 + 선거인이 투표함에 투입하지 않는 등 사유로 투표수에 미산입된 투표용지 12매 + 오·훼손으로 인하여 재발급한 투표용지 5매)과 일치하고, 달리 중복되는 번호도 없었다.

(다) QR코드에 인쇄된 일련번호도 QR코드 리더기 등을 사용하여야 정보를 알 수 있고, 육안으로는 일련번호를 식별할 수 없다. 2020. 12. 14.자 현장검증 결과에 변론 전체의 취지를 종합하여 보아도, 통합선거인명부를 관리하는 중앙선거관리위원회는 관할 선거별 또는 선거구별로 최종 발급된 일련번호만을 유지할 뿐, 발급된 일련번호를 선거인별로 관리하고 있지 않은 사실이 인정된다.

(라) 원고는 중앙선거관리위원회 서버 등에 선거인별로 사전투표지 발급기록이 초단위로 저장되고, 서버의 로그파일을 확인하면 각 선거인에게 부여한 일련번호를 확인할 수 있으며, 이를 피고가 보관하고 있는 투표지 이미지 파일의 QR코드와 조합하면 선거인이 어떠한 후보자에게 투표하였는지 알 수 있어 투표의 비밀을 침해한다는 주장도 한다.

그러나 을제71호증, 제72호증의 각 기재 및 2020. 12. 14.자 현장검증 결과에 변론

- 15 -

전체의 취지를 종합하면, 중앙선거관리위원회는 선거인의 사전투표용지 발급이력을 분 단위까지만 기록하여 저장하고 있는 사실이 인정될 뿐, 원고의 주장과 같이 사전투표 용지 발급이력이 초 단위까지 저장·관리되고 있다고 인정할 만한 증거가 없다. 원고 는 중앙선거관리위원회 서버 로그파일을 확인하면 선거인에게 발급한 일련번호를 확인 할 수 있다고도 주장하나, 그 주장에 의하더라도 중앙선거관리위원회 서버에 설치된 프로그램의 원상복구를 위하여 로그파일 형태로 데이터 변경 기록이 발생순으로 저장 될 수 있다는 것일 뿐, 피고 또는 중앙선거관리위원회가 전국에서 사전투표를 한 선거 인에 대한 투표용지 발급 이력을 따로 관리하고 있다는 것을 나타낸다고 보이지는 않 고, 달리 이를 인정할 증거를 원고가 제출하지도 않았다.

더구나 을제24호증의 기재에 변론 전체의 취지를 종합하면, 구·시·군위원회 위원 장은 개표가 완료되면 투표지뿐만 아니라 투표지 이미지 파일을 저장매체에 저장하여 위원장 인장을 날인한 후 봉함·봉인하여 보관하도록 하는 사실이 인정된다. 이처럼 투표지의 현물과 투표지 이미지를 저장한 저장 매체는 중앙선거관리위원회 서버와는 별도로 구·시·군위원회에서 물리적으로 분리된 상태에서 보존되므로, 중앙선거관리 위원회 서버에 저장된 로그파일의 데이터와 위와 같은 현물 투표지 또는 투표지 이미 지 파일에 나타나는 투표 정보를 연결하는 것은 별도의 특별한 증명이 없는 이상 이론 적으로 가능해 보이지 않고, 그밖에 QR코드 또는 투표지 발급이력 등을 통하여 투표 의 비밀이 침해될 수 있다고 볼 만한 증거도 없다. 따라서 이 부분 원고의 주장은 받 아들일 수 없다.

(마) 한편, 원고가 QR코드를 통하여 투표지의 선거인을 특정할 수 있다는 정황으로 제시하는 것으로서 훼손된 채로 발견된 청양군선거관리위원회 사전투표용지의 경우,

- 16 -

이 사건 선거에 관한 것이 아닐 뿐만 아니라 그러한 사정만으로 'QR코드를 이용한 투표지의 선거인 특정'이라는 원고의 주장을 인정하기에 충분한 근거가 된다고 보기 어렵다. 오히려 투표용지 발급기의 USB 케이블 연결 문제로 동일한 일련번호의 투표지가 2장 발급되어 1장은 선거인에게 교부되었고, 폐기한 나머지 1장이 발견된 것이라는 피고의 설명에 따르면, 이는 해당 사전투표용지의 사전투표관리관 인영과 QR코드(일련번호)를 조사하여 동일한 일련번호가 인쇄된 투표지를 찾아낸 결과이자 이례적 현상의 일부로서 설명이 될 수 있다.

(바) 이와 달리 투표지의 QR코드에 일련번호 외의 개인정보가 들어있다거나, QR코드에 있는 정보를 통하여 특정 선거인의 투표 내용을 알 수 있다는 취지로 원고가 제출한 언론 기사 등 갑제14호증, 제15호증, 제55호증, 제80호증 등의 각 기재는 믿기 어렵거나 그것만으로는 그 주장을 인정하기 부족하고, 원고가 제출한 나머지 증거들 역시 마찬가지이며, 달리 이를 인정할 증거가 없다.

따라서 사전투표용지에 QR코드를 인쇄한 것이 선거무효사유에 해당한다는 원고의 주장은 받아들일 수 없다.

(5) 사전투표의 통계 수치상 사전투표 조작이 추정된다는 주장에 대하여

원고는 사전투표를 하는 선거인과 선거일 당일투표를 하는 선거인의 정당 또는 후보자에 대한 지지 성향이 동일할 것이라는 전제 아래, 원고를 비롯한 미래통합당의 사전투표 득표율이 당일투표 득표율에 비하여 낮고, 그와 달리 더불어민주당 후보자의 사전투표 득표율은 당일투표 득표율에 비하여 높은 현상 등 이 사건 선거에 나타나는 통계 결과가 매우 이례적이라고 주장한다.

먼저 원고의 위 주장은 선거의 통계 분석 결과 의심스러운 정황이 있다는 취지로서

- 17 -

선거무효사유의 '존재'를 의심할 만한 사정이 있다는 주장일 뿐, 그 자체만으로는 구체적인 선거에 관한 규정에 위반된 사실, 즉 선거무효사유에 해당한다고 볼 수 있는 주장이 되지 못한다.

나아가 전국적으로 사전투표에 참여하는 선거인과 당일투표에 참여하는 선거인의 정당에 대한 지지 성향 차이 또는 각 선거의 사전투표율과 선거일 당시의 정치적 판세에 따라 전국적으로 특정 정당의 후보자에 대한 사전투표 득표율이 당일투표 득표율에 비하여 높거나 낮은 현상이 나타날 수 있고, 그것이 이례적이라거나 비정상적이라고 볼 수도 없다. 이는 이 사건 선거 이후에 실시된 재보궐선거, 대통령선거, 지방선거에서도 동일하게 관찰되는 현상이기도 하다. 반대로 관내사전투표를 하는 선거인과 관외사전투표를 하는 선거인의 지지 정당 등 성향이 유사하다면, 그에 따라 일부 선거구 또는 권역에서 후보자별 관내사전투표득표율 대비 관외사전투표득표율의 비율이 유사한 수치로 나타나는 것도 특히 이례적인 것이라고 볼 수 없고(원고 주장과 같이 그 비율이 소수점 둘째자리까지 일치하는 지역구는 전체 253개 지역구 중 일부에 불과하고, 그 비율도 각각 다르다), 정당별 후보자간 사전투표 득표 비율이 유사하다는 사정만으로 그와 같은 결과가 경험칙에 현저히 반한다고 보기도 어렵다.

결국, 이 사건 선거에서 선거에 관한 규정이 구체적으로 어떻게 위반된 것인지에 대한 원고의 주장·증명이 없는 상태에서, 선거 결과 나타난 부분적 통계를 편면적으로 해석한 후, 이를 근거로 이 사건 선거를 포함한 전국적인 선거 과정에 선거 부정이 있었던 것으로 보아야 한다는 원고의 주장은 선거소송에 관한 증명책임의 법리상 받아들일 수 없다.

(6) 사전투표 수가 과다하다는 주장에 대하여

- 18 -

원고가 사전투표소 등에 비하여 투표수가 과다하다고 주장하는 사례는, 이 사건 선거가 아닌 다른 지역구 또는 비례대표국회의원 투표에 관한 것으로, 이 사건 선거의 효력과 직접적인 관련이 없다.

더군다나 갑제24호증, 제126호증, 을제20호증의 각 기재에 변론 전체의 취지를 종합하면, 사전투표기간에 부천시 신중동 사전투표소에서 18,210명이 관내사전투표를 한 사실, 그 중 신중동 사전투표소에 20대 이상의 사전투표장비와 기표대가 설치되어 있었던 사실이 인정된다. 이와 같이 다수의 장비와 기표대를 이용하여 신속하고도 동시다발적으로 투표가 진행된 사정을 고려하면, 사전투표기간인 2일 동안 한 군데 사전투표소에서 위와 같은 규모의 사전투표가 이루어지는 것이 불가능하다거나 경험칙에 현저히 반한다고 보기 어렵다.

(7) 관외사전투표지의 배송 과정에서 위조된 투표지가 혼입되었다는 주장에 대하여

(가) 원고는 각 우체국과 선거관리위원회에 배송된 회송용 봉투의 숫자가 개표결과의 '투표수'가 아닌 '선거인 수'에 수렴한다는 사실은 관외사전투표지가 위조되었다는 증거라고 주장한다.

그러나 사전투표의 '선거인 수'는 선거권자에게 투표용지가 발급되는 수로 산정이 되는데, 회송용 봉투 안에 투표지를 넣지 않아 기권처리 되는 경우(공직선거관리규칙 제98조 제1항) 회송용 봉투의 숫자에 비해 투표수가 줄어들게 되어 회송용 봉투의 숫자가 투표수가 아닌 관외사전선거인 숫자에 가까울 수 있다. 선거인이 회송용 봉투 없이 관외사전투표함에 투표지를 넣거나, 회송용 봉투를 관내사전투표함에 넣는 경우 등 회송용 봉투가 배송되지 않는 경우도 충분히 상정할 수 있다. 결국, 배송된 회송용 봉투의 숫자와 선거인수와 투표수는 다를 수 있으므로 이와 같은 사정을 이유로 관외사전

- 19 -

투표에 부정이 있었다고 단정할 수 없다.

한편 원고는 경인지방우정청의 정보공개(갑제175호증)에 따르면, 연수구선거관리위원회에 배달된 관외사전투표수는 20,293개이나, 등기번호로 확인되는 연수구선거관리위원회에 도착한 회송용 봉투의 숫자는 20,024개이고, 인천 연수구의 전체 관외사전투표수는 20,015개이므로 이는 부정선거의 증거라고 주장한다.

그러나 원고가 제출한 위 증거에 의하더라도, 경인지방우정청은 단순히 "선거관리위원회에 배달된 통수"가 20,293개라고 답변하였을 뿐이다. 그와 달리 연수구선거관리위원회에 도달한 관외사전투표지가 담긴 회송용 봉투의 숫자가 20,293개라고 볼 만한 증거는 없다.

따라서 연수구선거관리위원회에 도달한 회송용 봉투의 수량과 관외사전 투표수의 차이를 가지고 위조된 사전투표지가 혼입되었을 것이라는 원고의 주장도 선거무효사유의 존재에 관한 객관적인 근거가 되기에 부족하다.

(나) 원고는 관외사전투표지의 배송정보를 자체적으로 분석한 결과 그 중 40.40%(2,724,653건 중 1,100,672건)나 비정상적이었으므로 이는 관외사전투표에 조작이 있었다는 정황이라고 주장한다.

그러나 원고의 주장처럼 사전투표지를 위조하여 투입하는 방식으로 선거 결과를 조작하였다면, 이를 실행한 '성명불상의 특정인'으로서는 굳이 진정한 관외사전투표지의 배송정보를 비정상적으로 입력할 필요가 없고, 오히려 그와 같이 해서도 안 될 것이다. 왜 위조된 관외사전투표지 중 40.40%의 배송정보만이 비정상적으로 입력되었는지에 관하여도 충분한 설명이 되지 아니한다. 따라서 원고가 주장하는 위 사정만으로는 관외사전투표에 조작이 있었다고 보기 어렵다.

- 20 -

설령 '성명불상의 특정인'이 불상의 이유로 관외사전투표의 배송내역을 위조할 필요가 있었다고 하더라도 다음 사정에 비추어 보면 원고의 주장은 수긍할 수 없다. 즉, 원고의 주장대로라면 전국적으로 총 2,724,714명의 관외사전선거인(그 중 이 사건 연수구선거관리위원회 관할인 '연수구 갑'과 '연수구 을' 지역구 선거의 관외사전투표 선거인은 20,026명이다)의 투표지가 등기를 통하여 배송되었는데, 그 중 전국 약 1,100,672건 이상의 투표지(이 사건 선거의 관외사전투표지는 그 중 9,600여개)가 위조되어 투입되었고, 해당 등기내역은 사후에 조작되었다는 것이 된다. 이는 '누군가가' 투표지를 다량 위조하였을 뿐만 아니라 이를 우체국에 추가 투입하고 더 나아가 등기내역까지 조작하였다는 것을 의미하는데, 사전투표기간부터 개표일까지 1주일도 되지 않는 단기간 내에 전국 단위에서 사전투표지를 위조하여 투입하고, 우정사업본부가 관리하는 배송내역까지 조작한다는 것은, 달리 특별한 사정에 대한 증명이 없는 한 생각하기 어렵다.

또한, 배송정보는 우체국에서 입력하는 것으로서 선거관리위원회의 선거사무의 관리·집행 영역에 속하지 않고, 앞서 본 바와 같이 공직선거법 관련 규정은 관외사전투표지의 운반과 보관 절차에서 다른 투표지가 혼입될 수 있는 가능성을 제도적으로 차단하고 있다. 즉, 사전투표참관인의 참관 하에 회송용 봉투가 관외사전투표함에 투입되고, 역시 사전투표참관인의 참관 하에 사전투표함을 개함하여 사전투표자수에 해당하는 회송용 봉투 수를 계산한 후 관할 우체국장에 인계하여 등기우편으로 발송하며, 구·시·군위원회는 우편으로 송부된 사전투표를 접수한 때에는 정당추천위원의 참여 하에 이를 우편투표함에 투입하여 보관하도록 하고 있다. 구·시·군위원회가 이러한 규정을 위반하여 관외사전투표지 운반과 보관 업무를 수행하였다면 각 정당의 참관인이 이를 묵인하거나 방관하였을 리 없을 것인데, 그 과정에서 참관인의 이의가 있었다

- 21 -

는 등의 사정도 없다.

한편, 선거인은 각자의 사정과 편의에 따라 전국 어느 사전투표소에서도 사전투표를 할 수 있는 것이므로, 인천 연수구 갑 선거구의 선거인이 인천 연수구 을 관할 사전투표소에서 투표하거나, 인천 연수구 갑, 을 선거인이 인천 내 다른 지역구 사전투표소에서 투표하는 것이 이례적이라는 원고의 주장은 그 자체로도 수긍하기 어렵다. 원고가 지적하는, 사전투표일 이후인 2020. 4. 12. 발송된 사전투표지는 도서지역인 옹진군 자월면의 투표지로, 사전투표 마감 시각 이후에는 외부로 나오는 배편이 없었기 때문에 관외사전투표 회송용 봉투가 사전투표 마감일인 2020. 4. 11. 다음날에 발송된 것이라는 피고의 주장을 수긍할 수 있다.

(다) 결국 관외사전투표의 배송 과정에서 대규모의 조직적인 부정이 있었다는 원고의 주장은 그 자체로도 단순한 의혹 제기 수준을 벗어나 객관적 근거를 갖춘 것이라고 보기 어렵고, 관외사전투표지의 배송 측면에서 위조 투표지의 투입 사실이 있었다는 점을 증명할 다른 증거도 없다. 오히려 원고가 주장하는 비정상적인 배송내역은 우체국에서 짧은 시간 내에 다량의 회송용 봉투를 등기우편으로 처리하면서 발송 또는 도착 상황의 입력을 뒤늦게 하는 등의 과정에서 발생한 것으로 볼 수 있다. 따라서 이 부분 원고의 주장도 이유 없다.

(8) 투표함 봉인지에 관한 주장에 대하여

원고는 투표함의 봉인에 비잔류형 특수봉인지를 사용하여 봉인의 연속성이 파괴될 수 있다는 취지의 주장도 한다(원고는 아래 증거인멸 관련 주장에서 이 부분 주장을 하였으나 투표함의 봉인은 개표 후 투표지 보관 단계가 아니라 투표 단계에서 문제되므로 이 항목에서 살핀다).

앞서 살핀 바와 같이 사전투표함은 봉인 과정에서 사전투표관리관과 사전투표참관인이 각각 봉인지에 서명 또는 날인하도록 되어 있고, 개표소에서도 투표함의 봉인을 검사하도록 하는 등 각 단계에서 거듭 봉인의 연속성을 확인하도록 하는 이상, 위와 같은 형태의 봉인지를 사용한 것이 위법하다거나, 그것이 이 사건 선거무효사유의 존재에 관한 증거가 된다고 볼 수 없다.

(9) 투표지 위조 주장에 대하여

(가) 정규의 투표용지의 의미

선거일에 사용되는 투표용지(이하 '당일투표용지'라 한다)는 구·시·군위원회가 작성하여 선거일전까지 읍·면·동선거관리위원회(이하 '읍·면·동위원회'라 한다)에 송부하고, 사전투표용지는 사전투표관리관이 사전투표소에서 투표용지 발급기를 이용하여 작성한다. 투표용지의 규격 등에 관한 사항은 중앙선거관리위원회의 규칙으로 정하는 바에 따른다[공직선거법 제151조 제1항, 제6항, 제9항, 공직선거관리규칙 제71조 제2항, 별지 제42호서식의(가) 등].

공직선거법 제179조 제1항 제1호는 무효투표 사유 중 하나로 '정규의 투표용지를 사용하지 아니한 것'을 규정하고, 같은 법 제180조 제2항은 "투표의 효력을 결정함에 있어서는 선거인의 의사가 존중되어야 한다."고 규정하고 있다. 공직선거관리규칙 제100조 제1항은 공직선거법 제179조 제1항 제1호에서 말하는 '정규의 투표용지'의 의미에 관하여 '관할 구·시·군위원회가 작성하고 청인을 찍은 후 읍·면·동위원회에 송부하여 해당 투표관리관이 자신의 도장을 찍어 정당한 선거인에게 교부한 투표용지'(제1호), '사전투표관리관이 투표용지 발급기로 시·도위원회 또는 구·시·군위원회의 청인이 날인된 투표용지를 인쇄하여 자신의 도장을 찍은 후 정당한 선거인에게 교부한

- 23 -

투표용지'(제2호) 등으로 규정하면서도, 같은 조 제2항에서 "제1항의 규정에 불구하고 투표관리관·사전투표관리관 또는 관할 위원회 위원장 도장의 날인이 누락되어 있으나 관할 위원회의 청인이 날인되어 있고 투표록 등에 도장의 날인이 누락된 사유가 기재되어 있는 투표용지는 정규의 투표용지로 본다. 이 경우 투표관리관 또는 사전투표관리관 도장의 날인 누락사유가 투표록 등에 기재되어 있지 아니하나 투표용지 교부매수와 투표수와의 대비, 투표록 등에 따라 투표관리관 또는 사전투표관리관이 선거인에게 정당하게 교부한 투표용지로 판단되는 것은 정규의 투표용지로 본다."고 규정하였다.

위와 같은 투표용지의 작성 및 투표의 효력에 관한 공직선거법 관련 법령과 그 취지에 비추어 보면, 정규의 투표용지는 공직선거관리규칙 제100조 제1항에 규정된 요건을 갖추어야 하나, 그 요건을 일부 결여한 투표지의 경우에도 다른 자료에 의하여 그 투표용지가 당해 구·시·군위원회에서 작성하여 투표관리관에 의하여 교부되었거나(당일투표용지의 경우), 사전투표관리관이 인쇄하여 교부하였고(사전투표용지의 경우) 정당한 선거인이 적법한 투표절차에 의하여 투표한 것임이 확인된 경우에는 선거인의 의사를 존중하는 측면에서 유효로 처리하여야 함을 알 수 있다(대법원 1996. 7. 12. 선고 96우23 판결 등 참조).

(나) 투표지 감정절차의 진행 경과

이 법원이 2021. 6. 28. 실시한 검증절차에서 원고가 위조된 투표지라고 주장하는 투표지 중 그 유형에 따라 감정대상 투표지로 선별한 것은 총 122매이다. 그 유형으로는 접힌 흔적이 없는 것, 투표관리관인이 뭉개져 날인된 것(송도2동 제6투표구), 투표지 오른쪽 면이 일부 절단된 흔적이 있는 것, 투표지의 좌우여백이 다른 것, 종이가 일부 찢겨지거나 접착제의 흔적이 있는 것, 투표지 하단에 비례대표투표지에 인쇄되어야 할

- 24 -

내용이 일부 인쇄된 것, 검은색으로 인쇄되어야 할 부분이 검은색이 아닌 다른 색으로 인쇄된 것 등이 있었다.

이에 대하여 이 법원은 원고가 추천한 2인 중 충북대학교 신수정 교수를 감정인으로 선정하였고, 2차에 걸쳐 감정인 신문을 진행하였다. 위 감정대상 투표지와의 비교 대상으로, 원고·피고 소송대리인의 참여 하에 ① 선거일 당일 투표지와의 비교를 위하여 연수구선거관리위원회가 이 사건 선거를 위하여 인쇄하였다가 사용하지 않고 보관 중이던 잔여투표용지 10장을 제공받았고, ② 피고가 감정대상 투표지가 발급된 각 사전투표소에서 사전투표 당시 사용되었다가 보관 중인 것이라고 제공한 총 39종의 사전투표용 롤(roll) 용지와 투표용지 발급기를 이용하여 롤 용지당 10매의 사전투표용지를 출력하여 감정인에게 제공하였다.

원고는 피고가 제공한 롤 용지의 출처가 불분명하다고 주장하고, 이를 비교대상 투표용지로 삼는 것에 의미가 없다고 주장하였다. 그러나 을제58호증, 제61호증, 제62호증의 각 기재에 변론 전체의 취지를 종합하면, 중앙선거관리위원회는 이 사건 선거에 사용될 투표용지의 소요량, 요구되는 투표용지의 색도 등에 관하여 투표용지 제조회사에 협조공문을 보내고(이 사건의 경우 한솔제지 주식회사, 무림페이퍼 주식회사), 위각 회사는 이에 따라 제작된 원지를 선거일 투표용지 인쇄업체 또는 롤 용지 가공업체에 제공하여 당일투표용지 또는 투표용지 발급기에 투입될 롤 용지가 생산되며, 각구·시·군위원회가 인쇄업체 또는 롤 용지 가공업체와 계약함으로써 당일투표용지 및 롤 용지를 공급받게 된다. 이와 같이 사전투표용지 발급기에 투입되는 롤 용지를 포함한 투표용지는 최종적으로 구·시·군위원회가 작성하여 교부하는 것이므로, 감정대상 투표지가 진정한 투표지인지를 판단하기 위한 비교대상이 되는 투표용지를 피고 또는

- 25 -

해당 투표지가 발급된 사전투표소에서 보관한 투표용지로 하는 것에 논리적으로 문제가 있다고 보이지 않는다.

감정인은 감정대상 투표지와 비교대상 투표용지의 두께, 평량, 평활도, 불투명도, 백색도, 백감도를 기준으로 감정대상 투표지와 비교대상 투표용지를 비교·분석하여 2022. 2. 7. 감정서를 제출한 다음, 2022. 4. 18. 감정결과의 불분명한 점을 보완하는 취지의 추가 보고를 제출하였고, 그 외에도 3회의 원고 신청, 1회의 피고 신청에 따른 사실조회에 대하여 각각 회신을 하였다.

감정인이 제출한 감정 결과의 요지는 다음과 같다. 즉, ① 감정대상 투표지 중 사전투표지는 잉크젯 인쇄로, 선거일 당일 투표지는 잉크젯 인쇄 외의 방법으로 인쇄되었다. ② 두께, 평량, 백색도, 백감도, 불투명도를 분석한 결과 대부분의 투표지가 법정에서 생성한 비교대상 투표용지의 범위 내이고, 선거일 당일 투표지(송도2동 제6투표소 투표지 10매)는 법정에서 생성한 비교대상 투표용지와 비교하여 볼 때 백색도, 백감도는 낮지만, 잔여투표용지의 백색도, 백감도의 범위 내에 있다고 볼 수 있다. 백색도와 백감도는 종이의 열화·산화 현상으로 낮아질 수 있고 법정 생성물의 범위를 벗어난 경우에도 그 차이가 크지 않아 뚜렷하게 다른 용지라고 판단할 수 없다. ③ 접힌 흔적이 없는 투표지로 분류된 투표지를 현미경으로 확인한 결과 그 중 일부에서 접힌 흔적을 확인한 반면, 접힌 흔적이 없는 것으로 확인된 투표지도 있었다. ④ 송도2동 제6투표소에서 교부된 투표지 10매의 투표관리관 인영을 확인한 결과 그 중 5매는 투표관리관인을 확인할 수 있었고, 5매는 투표관리관인이 부분적으로 확인된다. ⑤ 앞뒤가 붙어 있는 투표지는 정전기에 의하여 붙어 있었다. ⑥ 검은색으로 인쇄되지 않은 부분은 잉크젯 인쇄에서 검은색을 만들기 위하여 청색, 적색, 황색 잉크가 혼합될 때 특정 잉크가 부족하여 검은색의 재현이 떨어진 것으로 판단된다. ⑦ 비례대표투표지 인쇄가 중첩된 투표지의 경우 상단과 하단의 잉크는 같은 종류이고, 원고와 피고가 따로 감정인에게 제공한 잉크의 성분과 다르지 않다.

이와 같은 감정인의 감정 결과에 비추어 보면, 원고가 위조되었다고 주장하며 선별하여 감정대상이 된 투표지는 모두 피고 또는 해당 사전투표소에서 각 제공한 사전투표용 롤 용지 또는 투표용지에, 사전투표지는 피고가 제공한 투표용지 발급기의 프린터기로, 당일투표용지는 그 이외의 방법으로 인쇄된 것임이 인정된다.

(다) 위와 같은 감정 결과에 다음과 같은 사정을 고려하면, 원고가 위조된 것이라고 주장하는 유형의 투표지가 피고 또는 각 구·시·군위원회가 정당한 선거인에게 교부한 것이 아니라고 보기 어렵고, 달리 위 각 투표지가 위조되어 투입되었다는 증명이 없다.

① 2021. 6. 28.자 검증 결과에 변론 전체의 취지를 종합하면, 상단 또는 하단 일부가 붙어 있었던 관외사전투표지는 정전기에 의하여 서로 붙어 있었거나 관외사전투표지의 운반, 개표 또는 보관 과정에서 회송용 봉투의 접착제가 묻는 등의 사유로 생긴 현상이라고 볼 수 있다.

② 감정인의 감정 결과에 더하여 한국엡손 주식회사에 대한 사실조회회신 결과에 따르면, 사전투표용지를 출력하는 투표용지 발급기는 엡손에서 제작한 잉크젯 라벨프린터(TM-C3400)이고, 검은색은 청색, 적색, 노란색을 조합하여 출력하게 되는데, 잉크 노즐의 상태 또는 잉크의 상태에 의하여 색상이 다소 달라질 수 있다. 따라서 투표용지의 인쇄 부분 중 일부에 검은색이 아닌 다른 색이 나타난다는 사정만으로는 해당 투표지가 정규의 투표용지에 기표된 것이 아니라고 단정할 수 없다.

- 27 -

③ 사전투표지 중에 좌·우 여백이 다른 투표지의 경우, 을제55호증의 기재에 변론 전체의 취지를 종합하면, 사전투표용지는 투표용지 발급기에 장착된 라벨프린터기에 롤 형태의 용지를 투입하여 출력하는데, 투표용지 발급기에는 종이 위치를 정렬하여 주는 가이드가 있기는 하지만, 가이드의 위치 자체가 잘못 설정되어 있거나 공급용지가 한쪽으로 치우쳐 들어가는 경우 또는 투표용지가 라벨 형식으로 출력되어 잘리는 과정 등에서 좌·우 또는 상·하 여백이 다른 투표용지가 생성될 수 있다.

④ 지역구 사전투표용지 하단에 비례대표 투표용지 내용 일부가 출력된 경우에 관하여 본다. 위 투표지는 송도4동 사전투표소에서 발급된 사전투표용지에 기표된 것인데, 앞서 살핀 바와 같이 위 투표지 역시 잉크젯 프린터 형식으로 인쇄되었고, 용지의 성상 또한 다른 감정대상 투표지 또는 비교대상 투표용지와 동일한 용지로 제작된 것이다.

을제67호증의 영상, 증인 지상훈의 증언에 변론 전체의 취지를 종합하면, 이 사건 선거는 지역구 선거와 비례대표 선거가 동시에 치러진 사실, 이에 이 사건 선거에서는 투표용지 발급기에서 지역구 투표용지가 출력된 후 곧바로 이어서 비례대표 투표용지가 출력되도록 하여 이를 한꺼번에 선거인에게 교부하는 방식으로 이루어진 사실이 인정된다. 이에 비추어 보면 먼저 출력된 지역구 투표용지를 붙잡고, 이어서 비례대표 투표용지가 출력되는 과정에서 지역구 투표용지 하단이 투표용지 발급기 안쪽으로 들어가는 경우에는 지역구 투표용지 하단에 비례대표 투표용지 일부가 겹쳐서 출력되었을 가능성이 있다.

한편 증인 지상훈의 증언에 의하면, 지상훈은 송도4동 사전투표소 사전투표관리관으로서 투표용지 발급 및 교부 업무를 투표사무원이 하도록 하였는데 그 당시 위와 같은

- 28 -

형태로 출력된 투표용지를 보거나 들은 바가 없고, 위와 같은 투표용지의 존재가 투표록이나 개표록에 특별히 기록된 것으로 보이지도 않는다. 그러나 해당 투표용지를 발급·교부한 투표사무원이나 이를 교부받은 선거인이 특별히 투표용지에 대하여 이의를 제기하지 않았다면 위 투표지의 존재를 사전투표관리관이 알지 못할 수 있고, 그 경우 그러한 사실이 투표록이나 개표록에 기재되지 않게 된다. 따라서 그와 같은 사정만으로 위 투표지가 정규의 투표용지를 사용한 것이 아니라고 보기 어렵다. 이러한 경위로 생성된 투표지를 이 사건 선거구의 후보자에게 투표한 투표지로 보는데 특별한 문제는 없어 보이고, 실제 위 투표지는 유효표로 처리·분류되었다. 이와 달리 이러한 투표지가 위조 투표지를 대량으로 인쇄하는 과정에서 나타날 수 있는 형태라고 단정할 수 없다. 앞서 살핀 바와 같이 위 투표지는 잉크젯 프린터기로 인쇄된 투표용지에 기표된 것이므로 여러 장이 대량으로 인쇄된 것이 아닌데다가, 잉크젯 라벨 프린터기로 인쇄하는 경우에도 대량으로 인쇄하려면 실제 선거 절차에서와 같이 지역구 투표용지와 비례대표 투표용지를 교차로 인쇄하는 것이 아니라 동일한 투표용지를 연속하여 출력하여야 하는데, 그 경우 지역구 투표용지와 비례대표 투표용지 일부가 겹쳐서 출력되는 형태의 투표용지가 생성되는 경우를 쉽게 상정하기 어렵기 때문이다.

이러한 투표지의 존재는 이를 유효한 투표로 인정할지 여부가 법률적 쟁점이 될 수는 있으나, 사전투표지가 대량으로 위조되었다는 원고의 주장을 증명하기에 충분한 증거가 될 수는 없다. '성명불상의 특정인'이 사전투표지를 위조하였다면 굳이 이와 같은 형태로 사전투표지를 작출하여 문제의 소지를 남길 이유가 없다는 점에서 보더라도 그러하다.

⑤ 공직선거법 제157조 제4항, 제158조 제4항은 선거인은 투표지를 '기표내용이 다

른 사람에게 보이지 아니하게 접어' 투표참관인 앞에서 투표함에 넣거나 회송용 봉투에 넣어 봉함한 후 사전투표함에 넣어야 한다고 규정하고 있다.

그러나 위 각 조항은 비밀선거 원칙에 따라 선거인이 기표 내용을 외부에 공개하지 않도록 하는 규정이다. 따라서 선거인이 투표관리관이나 사전투표관리관으로부터 교부받은 투표용지에 기표하였다면 이는 '정규의 투표용지'에 기표한 투표지에 해당하고, 선거인이 투표지를 접어서 투표함 또는 회송용 봉투에 넣었는지 여부는 투표의 효력과 직접적인 관련이 없다.

나아가 2021. 6. 28.자 검증 결과 및 위 감정 결과에 변론 전체의 취지를 종합하면, 당일투표나 관내사전투표의 경우 선거인이 투표지를 접지 않은 채로 투표함에 투입하는 것이 가능해 보이고, 관외사전투표의 경우에도 이 사건 선거 지역구 사전투표용지에 인쇄되어 있는 후보자가 4명에 불과하여 접지 않고도 회송용 봉투에 투입할 수 있는 것으로 보인다. 더군다나 위 검증기일에 확인한 투표지는 개표 완료 후 유·무효별, 후보자별로 각 분류되고 100매 단위로 묶여 상당기간 증거보전이 되어 있었으므로 외관상으로는 투표지에 접힌 흔적이 잘 보이지 않을 수 있다. 원고가 '접힌 흔적이 없다'고 선별한 투표지 중 상당수에서 실제로는 접힌 흔적이 확인되었던 사정이 이를 뒷받침한다.

따라서 증거보전되어 있는 투표지가 접혀 있지 않았기 때문에 이는 '성명불상의 특정인'이 대량으로 인쇄하여 투입한 위조된 투표지로 보아야 한다는 원고의 주장은, 그 전제된 사실을 인정할 수 없으므로 이유 없다.

⑥ 일부 훼손되거나 끈적이는 것 등 이물질이 묻어 있는 투표지, 테이프가 붙어 있는 투표지, 투표지 일부가 잘려 있는 투표지 등은 모두 관외사전투표지에서 발견되었

- 30 -

다. 관외사전투표는 선거인이 투표지를 회송용 봉투에 넣어 봉함한 뒤 관외사전투표함에 투입하면 이를 등기우편으로 관할 구·시·군위원회에 배송하고, 그 개표 과정에서 회송용 봉투를 개봉하여 투표하게 된다. 이 과정에서 회송용 봉투의 봉함을 위해 도포되어 있던 접착제가 투표지에 묻을 가능성이 있고, 롤 용지 라벨 또는 개표 당시 사용된 용품 등으로부터 투표지에 이물질이 묻을 수 있으며, 투표지를 개봉하는 과정에서 투표지가 훼손되거나 찢어질 수 있는 가능성도 있다. 앞서 살핀 바와 같이 위 투표지들의 용지 등이 상호간 또는 비교대상 투표용지와 동일한 용지에 동일한 성분의 잉크젯 프린터기로 인쇄되었음이 인정되는 이상, 위와 같은 형태의 투표지도 전부 정규의 투표용지에 선거인이 적법하게 기표한 투표지라고 인정하는 것이 불합리하다고 보이지 않는다.

따라서 이러한 투표지가 위조된 사전투표지에 해당하고, 이 사건 부정선거 및 선거무효사유를 인정하기에 충분한 증거가 된다는 원고의 주장은 받아들일 수 없다.

⑦ 송도2동 제6투표소 투표지 중 투표관리관인 인영이 뭉개진 투표지에 관하여 본다. 증인 황현일의 증언, 2021. 6. 28.자 검증 결과, 감정인의 감정 결과에 변론 전체의 취지를 종합하면, 위 투표소에서는 선거일 당일투표가 이루어졌고 총 투표수는 1,974표인 사실, 위 투표소에서 투표된 투표지 중 다량의 투표지의 투표관리관인 인영이 뭉개진 상태였고, 이에 이 법원은 검증 과정에서 투표관리관의 인영이 뭉개진 투표지(정일영 후보 111표, 민경욱 후보 137표, 이정미 후보 46표)를 무효표로 판정한 사실, 위와 같은 이유로 검증절차에서 무효표로 판정된 투표지 중 원고가 선별한 10매를 현미경으로 관찰한 결과 그 중 5매는 투표관리관인이 쉽게 확인되었고, 나머지 5매는 상대적으로 식별이 어려운 사실이 인정된다. 한편 위 투표소의 투표관리관은 이 법정에

- 31 -

서 투표사무원에게 투표용지에 투표관리관인을 날인하여 교부하도록 지시하였을 뿐, 자신이 위와 같은 투표용지를 본 적이 없고, 위와 같은 형태의 투표용지에 대하여 이의가 제기되거나 이를 투표록에 기재한 기억은 없다고 진술하였다.

이처럼 위 투표소에서 투표관리관인이 뭉개져 찍힌 투표지가 다량 발견되었고, 그 중 이 법원이 육안으로 확인하여 투표관리관인의 확인이 어려울 정도에 이른다고 판정한 것은 총 294표이며, 나머지 투표지는 투표관리관인을 식별할 수 있는 상태였고 무효표로 판정된 투표지도 현미경으로 관찰한 결과 상당 부분 투표관리관인 인영이 추가로 확인되었으며, 위 투표지가 비교대상 투표용지와 동일한 용지에 인쇄된 것으로 볼 수 있음은 앞서 살핀 바와 같다. 또한 을제68호증의 기재, 제69호증의 영상에 의하면, 투표소에 제공되는 투표관리관인은 자체 잉크가 주입되어 있는 소위 만년도장 형태로 제작된 것이지만, 이와 별도로 적색 스탬프도 비품으로 제공되는 사실, 투표관리관인에 스탬프의 잉크를 묻혀 날인하는 경우 송도2동 제6투표소에서 발견된 투표지와 유사한 형태의 인영이 현출되는 사실을 알 수 있다.

이러한 사정에 비추어 보면, 비록 위와 같이 투표관리관인이 뭉개져 날인된 투표지가 존재하였더라도 선거인들이나 참관인들이 이에 대하여 특별히 이의를 제기하지 않은 이상 투표관리관이 이를 인지하지 못하거나 그 사실을 투표록에 기록하지 않은 것이 이례적이라고 보이지 않는다. 오히려 위 투표지는 정규의 투표용지에 투표관리관인을 찍는 과정에서 인영이 뭉개진 결과일 가능성을 배제할 수 없으므로, 이를 무효투표로 판정하여야 하는지 여부는 별론으로 하더라도, 위와 같은 형태의 투표지가 존재한다는 사실 자체만으로 다량의 투표지가 위조되었다고 추단할 만한 정황에 해당한다고 보기 어렵다.

따라서 이러한 투표지가 위조된 투표지에 해당하고, 나아가 이 사건 부정선거 및 선거무효사유의 증거가 된다는 원고의 주장 역시 받아들이기 어렵다.

2) 개표 단계에 부정한 개입이 있었다는 주장에 대하여

가) 투표지 분류기 등 사용의 위법 주장에 대한 판단

원고는, 전산조직이 공직선거법 제178조 제2항에 따라 개표사무를 보조하는 정도로 운영되어야 하는데, 이 사건 선거에서는 사실상 주된 개표사무를 담당하였으므로 위법하다고 주장한다.

공직선거법 제178조 제2항은, 구·시·군위원회는 개표사무를 보조하기 위하여 투표지를 유·무효별 또는 후보자별로 구분하거나 계산에 필요한 기계장치 또는 전산조직을 이용할 수 있다고 규정하고 있다. 을제14호증, 제25호증의 각 영상에 변론 전체의 취지를 종합하면, 이 사건 선거의 개표에 사용된 투표지 분류기를 통과하여 1차로 분류된 투표지는 심사집계부에서 심사계수기(심사계수기는 기계를 통과하는 투표지를 육안으로 쉽게 확인할 수 있을 정도로 투표지가 상대적으로 느린 속도로 떨어지도록 작동된다)를 이용하여 육안에 의한 확인·심사를 거쳐 혼표나 무효표로 분류하고, 미분류 투표지는 육안에 의한 확인·심사를 거쳐 무효표와 후보자별 유효표로 각 분류·심사하는 절차를 거치며, 다시 선거관리위원회 위원 및 위원장의 육안에 의한 투표지의 확인·검열절차를 거치도록 되어 있는 사실이 인정된다.

이에 비추어 보면, 이 사건 선거에 사용된 투표지 분류기와 심사계수기는 위 공직선거법 규정에 의한 "투표지를 유·무효별 또는 후보자별로 구분하거나 계산에 필요한 기계장치 또는 전산조직"으로서, 투표지의 후보자별 분류 및 육안에 의한 투표지 확인·심사를 보조하기 위하여 기표된 투표지를 이미지로 인식하여 후보자별 투표지와

- 33 -

미분류투표지로 분류하고, 미분류투표지를 제외한 후보자별 투표지를 집계하며(투표지 분류기), 후보자별로 분류된 투표지를 떨어뜨리는 동시에 계수를 하여 개표사무원이 투표지를 육안으로 심사 · 계수하는 등 관련 절차를 보조하는(심사계수기) 기계장치에 해당한다(대법원 2014. 4. 24. 선고 2010수62 판결 등 참조). 이 사건 지역구 선거와 동시에 치러진 비례대표 선거의 경우, 투표지가 투표지 분류기에 투입되지 못할 정도로 길어 개표사무원이 전체 과정을 수작업으로 하여 분류하기도 하였는데, 이 또한 위 투표지 분류기 등이 관련 절차상 필요한 경우에 한하여 보조적으로 사용된 기계장치임을 나타낸다.

나아가 현행 공직선거법은 종이 투표용지에 직접 기표하는 방식을 택하고 있고(제146조 제1항), 개표 이후에도 실물투표지를 봉인하며(제184조), 봉인한 투표지 등을 그 당선인의 임기 중 보관하도록 하고 있으므로(제186조) 선거 이후 실물투표지를 통하여 투표 결과를 검증할 수 있다(헌법재판소 2016. 3. 31. 선고 2015헌마1056 등 결정 참조). 이 사건의 경우에도, 검증절차를 통하여 이 사건 선거에 관하여 보전된 투표지를 다시 검표하여 투표 결과를 검증할 수 있었다.

따라서 이 사건 선거는 공직선거법 제178조에 따라 개표가 이루어진 경우에 해당하고, 원고가 제출한 증거만으로는 이 사건 선거에서 위 투표지 분류기와 심사계수기가 개표 작업의 주된 부분을 실질적으로 수행하여 공직선거법 제178조 제2항에 위반된다고 보기 어려우며, 달리 이를 인정할 증거가 없다. 따라서 원고의 이 부분 주장도 이유 없다.

나) 투표지 분류기 등을 이용한 부정 주장에 대한 판단

(1) 원고는 '성명불상의 특정인'이 투표지 분류기에 외부 통신을 통해 불법적으로 접

- 34 -

속하여 개표 또는 집계 결과를 조작하였다거나, 투표지 분류기의 기능을 전산으로 조작하여 투표지가 부정확하게 분류되게 하였을 가능성이 있으므로 공직선거법 제278조 제3항에 위반된다는 취지로 주장하고 있다. 그러나 구체적으로 조작이 이루어진 방법이나 작동원리에 대하여는 아무런 주장이 없다.

위 주장과 관련하여 원고가 제출한 증거들(갑제40호증, 제52호증, 제53호증 등)은 주로 원고의 주장을 보도한 기사이거나 같은 취지에서 투표지 분류기의 조작 가능성에 대한 의혹을 제기하는 유튜브 동영상에 불과할 뿐, 투표지 분류기 자체에 통신 기능이 있다거나 투표 결과를 조작할 수 있는 프로그램이 설치되어 있다는 점에 대한 객관적인 증거가 되지 못한다.

(2) 원고는 투표지 분류기에 통신 기능이 있거나 부정한 프로그램이 설치되어 있는지 등을 확인할 목적으로 투표지 분류기와 심사계수기 등에 대한 감정을 신청하였고, 이 법원은 등록된 감정인 중 해당 분야의 전문가 명단을 원고와 피고에게 교부한 후, 그 중 1인에 대하여 2020. 12. 8. 투표지 분류기 및 계수기 등에 대한 감정촉탁결정을 하였다. 한편 2020. 12. 14. 원고·피고 소송대리인의 협의를 통하여 향후 감정대상으로 삼을 투표지 분류기를 선별하여 중앙선거관리위원회 건물 사무실에 보관하였고, 이 법원은 2021. 2. 15. 감정 사항을 구체적으로 보완하여 투표지 분류기에 설치되어 있는 프로그램의 작동원리 등을 감정하라는 취지의 촉탁을 하면서 원고에 대하여 예상감정료 납부를 명하였으나 원고가 감정료를 납부하지 않음에 따라 감정촉탁결정은 취소되었다. 이후 원고는 투표지 분류기의 작동원리나 기능 등의 확인을 위한 증거신청을 별도로 하지 않았다.

(3) 오히려 을제19호증의 기재, 2021. 6. 28.자 검증 결과 및 주식회사 한톨시스템에

- 35 -

대한 사실조회회신 결과에 변론 전체의 취지를 종합하면, 이 사건 선거에 사용된 투표지 분류기에는 엘지전자에서 제작한 제어용 노트북 및 엡손에서 제작한 프린터가 장착되어 있고, 위 노트북에는 무선랜카드 등이 장착되어 있지 아니하며, 프린터의 경우 무선랜카드가 제거될 경우 프린터 작동 기능이 불가능한 탓에 펌웨어에 무선랜 기능을 비활성화하여 납품한 사실이 인정된다.

위 인정사실에 의하면 이 사건 선거에 사용된 투표지 분류기는 무선 인터넷이 연결될 수 없기 때문에 외부 통신 등을 이용하여 투표지 분류기의 동작을 제어하는 것이 논리적으로 가능해 보이지 않는다.

(4) 투표지 분류기가 정확하게 작동되지 않았다는 주장에 대하여 본다. 이 법원은 2021. 6. 28.자 검증을 통하여 이 사건 선거의 투표지 전부를 수작업으로 재검표하여 후보자별 유효표 수량을 다시 계수하였다. 그 결과 검증절차에서 수명법관의 판정에 의하여 유효표를 무효표로 번복한 사례 322건(그 중 294건은 앞서 살핀 송도2동 제6투표구에서 발견된 투표관리관인이 뭉개져 날인된 사례이다), 무효표를 유효표로 번복한 사례 1건, 혼표 2건(거소 선상투표에서 정일영 유효표 2건을 원고의 유효표로 분류한 사례이다) 및 관외사전투표를 제외하고는 투표구·후보자별로 1~2표 차이가 나는 것 외에는 피고가 발표한 이 사건 선거의 개표 결과와 이 법원의 재검표 결과가 사실상 일치한다.

비록 검증기일에서 발표된 재검표 결과 관외사전투표에서 원고의 유효투표수가 변동되었으나, 이러한 사정을 반영하더라도 이 법원이 확인한 정일영 후보자의 유효표는 52,678표, 원고의 유효표는 50,064표, 이정미 후보자의 유효표는 23,183표, 주정국 후보자의 유효표는 424표로 이 사건 선거의 결과에 아무런 영향이 없다[피고가 공표한

- 36 -

관외사전투표의 정일영 후보자 투표수는 6,185표, 원고 투표수는 4,460표, 이정미 후보

자는 2,073표, 주정국 후보자는 73표, 무효표는 157표, 기권수는 9표인 반면, 이 법원

이 재검표하여 집계한 결과, 다른 후보자의 유효투표수와 무효투표수는 개표 결과와

거의 동일하나 원고의 유효투표수가 4,760표로 집계되어 피고의 개표 결과와 300표의

차이가 있기는 하다. 피고가 공표한 이 사건 선거의 총 관외사전투표 선거인 숫자는

12,957표로 만일 원고의 유효표 숫자가 이 법원이 집계한 결과와 같이 4,760표였다면

총 관외사전투표 수량은 13,248표(기권 9표 제외)가 되고, 이는 공표된 관외사전투표

선거인의 수보다 약 300표를 초과한 수치이다. 그런데 위 검증절차에서 투표지 분류기

를 이용하여 투표지의 이미지를 생성하는 절차를 같이 진행하였고, 이때 생성된 관외

사전투표의 투표지 이미지 파일은 총 12,923개임은 객관적으로 명백한 사실로, 이는

피고가 공표한 관외사전투표 선거인 숫자에 가깝다. 이를 고려하면 법원이 확인한 원

고의 관외사전투표 투표수는 수작업에 의한 집계상 오류에 의한 것으로 파악된다].

투표지 수량에 대한 검증 결과에 나타난 바와 같이 증거보전된 투표지를 검표한 결

과 확인된 유·무효표 수량 및 후보자별 유효표 수량은, 이 법원이 검증 과정에서 판

정을 번복한 수량을 제외하면 이 사건 선거 당시 피고가 발표한 결과와 대체로 일치한

다. 나아가 투표지 분류기의 조작 가능성이나 오작동 또는 개표상황표 작성에 문제가

있다는 취지로 원고가 들고 있는 투표지 분류기 오작동 의심 사례 또는 개표상황표 정

정 사례들은 이 사건 선거가 아닌 다른 선거구에서 문제된 사례일 뿐만 아니라, 해당

영상만으로는 그에 대한 증명이 있다고 보기 어렵고, 대부분의 문제가 현장에서 시정

된 것으로 보인다. 이 사건 선거의 투표에 관련된 증거인 갑제54호증의 8, 9의 각 영

상에 의하더라도 투표지 분류기가 정일영 후보자 기표란에 기표인이 일부 걸쳐 찍힌

투표지를 정일영 후보자의 유효표로 분류한 것이 확인될 뿐이다. 나아가 앞서 살핀 바와 같이 투표지 분류기를 거친 투표지는 개표사무원이 심사계수기를 통하여 유효표를 재차 확인·심사하는 절차를 거치고, 그러한 투표지의 분류와 계수 및 그 결과를 집계하여 개표상황표를 작성하면 원고 소속 정당이 추천한 위원을 포함한 선거관리위원회 위원 전원이 득표수를 검열하고 개표상황표에 서명하거나 날인하여 개표 결과를 공표하는 절차를 거치게 되어 있다. 이와 같은 개표상황은 원고가 소속된 정당이 신고한 개표참관인이 참관하고, 위법사항을 발견한 경우 그 시정을 요구할 수 있음을 의미한다. 그런데 이 사건 선거 당시 개표참관인이 위와 같은 개표절차에 이의를 제기하였다는 사정이 존재하지 않는다.

(5) 원고는 이 사건 개표의 참관 촬영이 제대로 보장되지 않았다는 취지의 주장을 한다. 갑제47호증, 제51호증의 4의 각 영상에 의하면 이 사건 선거의 개표소에서 투표지 분류기를 촬영하지 말라는 안내방송을 한 사실은 인정된다. 공직선거법 제181조 제9항에 의하면 개표참관인은 개표소 안에서 개표상황을 언제든지 순회·감시 또는 촬영할 수 있다고 규정하고 있고, 이는 개표참관인이 개표 상황을 자유롭게 참관하며 필요한 자료를 수집할 수 있도록 하기 위함이므로 위와 같은 피고의 조치가 위 법률의 규정에 부합하는지에 대하여는 의문이 있다. 그러나 이 사건 개표 절차 당시 개표와 관련하여 이 사건 선거무효사유에 해당한다고 볼 수 있는 다른 위법사항이 존재한다는 사정 및 증명이 없는 한, 개표 현장에서 촬영이 일부 제한되었다는 사정만으로 곧바로 투표지 분류기를 이용한 개표결과 조작이 있었다거나 그에 대한 증명이 있는 것으로 볼 수는 없다.

(6) 결국 원고가 주장하는 사정이나 제출한 증거만으로는 이 사건 선거에 사용된 투

- 38 -

표지 분류기가 조작 혹은 오작동 되었다는 등 원고의 주장을 인정하기 부족하고, 달리 이를 인정할 증거가 없다. 따라서 원고의 이 부분 주장도 받아들일 수 없다.

3) 개표 후 증거보전 이전에 투표지가 교체되었다는 주장에 대하여

가) 원고는 성명불상의 특정인이 선거소송 중의 검증에 대비하여 증거보전 기일 전에 위조 투표지(특히 당일투표지와 일부 관내사전투표지)를 다시 대량으로 급조하여 투입하였다고 주장한다.

이에 관하여, 원고의 신청에 따라 인천지방법원 2020주2호로 이 사건 선거의 투표지 등에 관한 증거보전결정이 있었고 2020. 4. 29. 증거보전 절차가 집행되어 이 사건 선거의 투표지 및 선거관련 서류 등이 인천지방법원 802호 소회의실 및 204호 전산실에 봉인하여 보관되었다. 이후 이 법원이 2021. 6. 28. 검증을 실시하면서 원고 · 피고 소송대리인의 참여 아래 증거물의 보존상태를 확인한 결과 위 증거보전물 보관장소의 봉인 상태에 특별한 문제가 없었고, 투표지는 모두 피고가 이 사건 선거의 투표지 보관을 위하여 제작한 상자에 담겨 있었으며, 투표지 보관상자는 피고가 날인하여 봉인되어 있었고, 투표지 보관상자의 봉인 상태는 전체적으로 양호하였다. 검증절차에서 선별된 투표지에 대한 감정 결과 역시 모두 정규의 투표용지에 해당함은 앞서 살펴본 바와 같다.

그 밖에 투표지 보관이 부실하였다는 점에 관하여 원고가 제출한 증거 및 이에 기하여 원고가 주장하는 사정은 다른 지역 또는 인천 연수구 을의 비례대표 선거 투표지에 관한 사례들로, 이 사건 선거와 직접적인 관련이 없고, 달리 이 부분 원고의 주장을 인정할 증거가 없다. 따라서 원고의 이 부분 주장은 이유 없다.

나) 한편 원고는, 피고가 투표지의 진정성 확인을 위한 디지털 검증이 불가능하도록

사전투표용지 발급기의 검증·인증을 받지 않았고, 관외사전투표함 CCTV를 설치하지
도 않았으며, 사전투표소 CCTV를 신문지 등으로 가렸고, 백업용 서버를 파기하고 선
거용 서버에 대한 해체·이전을 하였으며, 나아가 원고는 이 사건 서버에 대하여 포렌
식 자료 확보를 위하여 감정신청을 하였음에도 거부당하였고, 피고는 통합선거인명부
원본 검증 기회를 차단하였으며, 투표지 분류기에 저장된 투표지 이미지 파일의 원본
을 삭제함으로써 선거의 사후검증을 불가능하게 하는 등 이 사건 선거소송을 방해하였
다는 취지로 주장한다.

그러나 을제76호증의 기재 및 2020. 12. 14.자 현장검증 결과에 변론 전체의 취지를
종합하면, 중앙선거관리위원회는 정당과 학계, 정보기술 관련 공공기관 등에서 추천한
10명의 전문가로 구성된 보안자문위원회의를 개최하여 투표지 분류기 운영프로그램,
선상투표시스템 및 사전투표에 사용할 통합명부시스템(사전투표용지 발급기는 통합명
부시스템과 연계된다)의 보안체계 등을 확인·검증한 사실이 인정된다. 또한 이 사건
선거에 적용되던 공직선거법 관련 법령에는 사전투표함 보관장소에 CCTV를 설치하여
야 한다는 규정 또는 투표지 이미지 파일을 따로 생성하여야 한다거나 그 원본을 보관
하여야 한다는 규정이 존재하지 않으므로, 관외사전투표함 보관장소에 CCTV를 설치하
지 않았다거나, 투표지 분류기에 저장된 파일을 저장매체에 옮기고 삭제하였다고 하여
그러한 조치에 위법이 있다고 할 수 없다(2021. 3. 26. 개정된 공직선거법 제176조 제3
항에는 우편투표함과 사전투표함을 CCTV가 설치된 장소에 보관하도록 규정하고 있
다). 또한, 이 사건에 관하여 인천 연수구 을 선거구 관할 사전투표함의 CCTV 녹화영
상이 증거로 보존되어 있었으나 원고는 이 사건 검증 이후 위 CCTV 영상에 대한 증
거신청을 한 사실이 없어 그 내용이 확인되지 않은 상태이다. 이 사건 선거의 투표지

- 40 -

이미지 파일이 봉인된 상태로 이 법원에 제출된 사실은 앞서 살핀 바와 같다. 한편 2020. 12. 14.자 현장검증 결과에 변론 전체의 취지를 종합하면, 중앙선거관리위원회는 이 사건 선거와 관련된 기록을 통합스토리지 장비에 저장하는 한편, 이 사건 선거에 관한 전산자료를 포렌식한 사본을 선거 종료 후 봉인하여 보관하고 있는 사실이 인정되고, 이 법원은 이 부분 증거조사의 필요성이 충분히 소명되지 않아 원고의 이 부분 감정신청을 채택하지 아니하였다.

또한 이 법원은 2021. 7. 8. 피고에게 투표자를 특정할 수 있는 개인정보를 제외한 통합선거인명부를 제출할 것을 명하여 피고가 이를 제출하였고, 원고에게 위 통합선거인명부와 각 투표소에서 사용한 선거인명부를 열람할 수 있는 기회를 제공하였다. 원고는 위 통합선거인명부 또는 선거인명부에서 100세 이상의 고령자 등 주민등록명부와 일치하지 않는 등 선거인명부가 진실하지 않다는 사정을 발견하였다고 주장한다. 그러나 위와 같은 사정은 이 사건 선거의 실시와 관련하여 선거관리에 일부 미흡한 점이 있었다는 징표를 넘어 부정선거라는 선거무효사유의 존재를 증명할 수 있는 사유에 해당한다고 단정하기 어려울 뿐만 아니라, 원고가 주장하는 2020. 3. 31. 기준 주민등록 시스템상 고령자 숫자에는 피고의 주장처럼 선거인명부 작성일을 기준으로 주민등록사항이 정리되지 않았거나 선거인명부에 등재되는 거주불명 등록자가 포함되지 않았을 가능성을 배제할 수 없고, 그 밖의 여러 원인으로 일부 주민등록시스템상의 인구수와 선거인명부상의 선거인의 숫자가 달라졌을 가능성 역시 배제하기 어렵다. 원고는 통합선거인명부와 선거인명부를 모두 열람한 이상 그 주장과 같이 이례적으로 고령인 선거인이 선거인명부에 등재되어 있는 것에서 더 나아가 실제 투표를 하였는지 여부까지 확인할 수 있었을 것인데, 이에 대하여는 아무런 주장과 증명도 없다.

- 41 -

이 사건 선거 과정에서 누군가가 자신의 이름으로 선거인명부에 서명, 투표하여 투표권을 행사하지 못하였다고 항의한 사례가 있었던 것으로는 보인다. 그러나 이와 같은 사례는 이 사건 기록상 2건에 불과하고 이는 먼저 서명한 선거인과 나중에 온 선거인이 모두 선거일 당일에 투표소를 방문한 사안이다. 위 2건은 피고의 선거관리에 미흡한 점이 있었다고 볼 수 있는 사례에는 해당하나, 그러한 사정은 이 사건 소송에서 원고가 주장하는 선거무효사유인 위조된 투표지가 투입되었다거나 개표 이후 투표지가 교체되었다는 것과 직접적인 관련이 없다.

따라서 원고가 주장하는 위 사정만으로는 피고가 이 사건 선거와 관련한 자료를 폐기하거나 은폐하는 등으로 선거가 적법하게 치러졌는지 사후 검증을 하는 것을 불가능하게 하거나 방해하였다고 보기 어렵고, 그로부터 이 사건 선거 과정에 부정한 조작이 있었다고 추단할 수도 없다.

다) 원고의 이 부분 주장도, '성명불상의 특정인'이 투표지 분류기 등의 조작을 통해 개표 결과를 조작한 다음, 이 사건 소송에 대비하여 다시 일부 관내사전투표지와 당일 투표지를 다량 위조하여 피고가 보관 중인 투표지와 교체하였다는 취지인데, 원고가 들고 있는 사정이나 증거들만으로는 그와 같은 투표지의 위조·교체 사실의 존부는 물론 누가, 언제, 어떠한 방법으로 투표지를 위조·교체하였는지를 전혀 알 수 없다는 점에서도 이 부분 원고의 주장은 받아들일 수 없다.

라. 소결

따라서 이 사건 선거에 공직선거법 규정에 위반된 위법이 있다거나 그에 관한 증명이 이루어진 것으로 보아야 한다는 원고의 주장은 받아들일 수 없다. 그러므로 그러한 사유들이 이 사건 선거의 결과에 영향을 미쳤는지 여부에 관하여 더 나아가 살필 필요

없이 원고의 주위적 청구는 이유 없다.

3. 예비적 청구(당선무효 청구)에 대한 판단

선거 자체의 효력을 다투는 쟁송인 공직선거법 제222조에 규정된 선거소송과 달리 공직선거법 제223조에 규정된 당선소송은 선거가 하자 없이 적법·유효하게 실시된 것을 전제로, 후보자 개인에 대한 선거관리위원회의 당선인 결정 자체가 위법한 경우에 그 효력을 다투는 소송이다(대법원 1989. 3. 14. 선고 88수47 판결, 대법원 1992. 10. 16. 선고 92수198 판결 등 참조).

원고는 이 사건 선거무효사유가 인정되지 않는다고 하더라도, 실제 유효투표의 다수를 얻은 자는 정일영 후보가 아닌 원고이므로, 피고가 정일영을 당선인으로 결정한 것은 위법하다고 예비적으로 주장한다. 그러나 앞서 살핀 바와 같이 이 법원의 검증결과 정일영이 유효투표의 다수를 얻은 사실이 인정되고, 달리 피고가 정일영을 이 사건 선거의 당선인으로 결정한 것에 위법이 있다고 볼 만한 사정이 없다.

따라서 원고의 예비적 청구도 이유 없어 받아들이지 아니한다.

4. 결론

그러므로 원고의 주위적·예비적 청구는 모두 이유 없으므로 이를 기각하고, 공직선거법 제227조, 행정소송법 제8조 제2항에 의하여 준용되는 민사소송법 제99조에 따라 소송비용 중 감정비용은 각자가 부담하며 나머지 비용은 패소자인 원고가 부담하도록 하여, 관여 대법관의 일치된 의견으로 주문과 같이 판결한다.

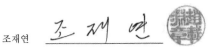

재판장   대법관   조재연

대법관   이동원   _이동원_ (인)

주 심   대법관   천대엽   _천대엽_ (인)

정본입니다.

2022. 7. 28.

대법원

법원사무관 권태형

발문(跋文)

재판만 잘 됐으면 계엄은 없었다

조재연, 이동원, 천대엽 대법관이 180일 이내에 마치라는 선거무효소송을 27개월 이나 끈 끝에 내놓은 판결문은 역사에 남을 명문이다. 대법원 판결문을 개그 대본의 수준으로 만들었다는 점에서 그렇다.

그들은 배춧잎투표지가 비정상적이라는 점에 주목하면서도 만약에 부정선거를 저지른 사람이 있었다면 그토록 중요한 증거물을 범죄의 현장에 남기지 않았을 것이라고 했다.

또 천 장이 넘는 일장기투표지에 대해서는 담당 투표관리관이 선서를 하고 그런 이상한 도장을 찍지도 않았고, 자기를 도와줬던 투표사무원으로부터 그렇게 도장을 잘못 찍었다는 보고도 듣지 못했고, 그날 투표한 투표지의 과반이나 되는 그런 투표지가 투표소에 돌아다니는 걸 보지도 못했으며, 그날 투표한 사람 중에 그런 이상한 투표지에 대해 항의를 했을만도 하지만 단 한 명도 항의하는 사람이 없었다고 증언을 했음에도 불구하고 유권자들이 그런 투표지를 받았어도 항의를 하지 않았다면 관리자가 그런 사실을 알 수 없었을 것이라는 한 마디로 무시해버렸다.

이들의 잘못된 결정은 판례로 남았다. 대법원의 이 결정 직후 중앙선관위는 동영상과 각종 시청각 자료를 통해 판결 내용을 대대적으로 홍보하기 시작했다. 그 내용인즉 배춧잎투표지, 빳빳한 투표지, 일장기투표지가 모두 정상투표지라는 말이었다.

부정투표의 범인들은 일회성의 범죄를 저질렀는데 대법관들은 그 범죄를 단죄하기는커녕 그를 합법이라고 판결함으로써 부정선거를 제도화시킨 것이다.

대법관들의 죄는 그냥 사라지지 않았다. 그 죄는 커질대로 커져서 5년 뒤에 윤석열 대통령의 계엄으로 나타났다. 오심을 방지할 3심제를 포기하는 대신 신속성을 담보받으려는 대법원 단심제의 입법 취지는 온데간데 없이 사라졌고 대법관들의 불법의 결과가 쉽게 바꿀 수 없는 대법원 판례라는 허울로 이후에 있을 불법을 덮어주는 악인들의 든든한 구실로 남게 됐다.

부정선거를 덮어주고, 결국에는 좌절한 대통령의 계엄을 부르고, 전세계가 주목하는 탄핵을 초래한 2022년 7월 28일의 법률도륙 사건은 자유민주주의를 도륙한 대법관들의 범죄기록으로 박제돼야 한다. 그 5역사적 사명을 마다하지 않은, 나의 선거무효소송에 합류하여 끝까지 지조를 지킨 도태우, 현성삼, 윤용진, 박주현 변호사에게 경의를 표한다.

민경욱 (20대 인천 연수을 국회의원)

도태우 변호사

현재 윤석열 대통령 탄핵심판 대리인이다. 대구 출신으로 학력고사 대구 전체 수석으로 서울대학교 공대에 입학하였다가, 다시 시험을 치러 서울대학교 국문과로 재입학하였다. 1999년 문학동네 신인공모 소설부문에 <발루아의 환영>으로 등단한 소설가이며 작가 이문열의 제자이다.

소설가로 활동하던 중 서울대학교 정치학과 대학원에 입학하여 '법과 정치'를 공부하다 제51회 사법시험에 합격하고 변호사가 되었다. 2016년 박근혜 대통령의 탄핵 광풍 속에서 거리의 투사로 나섰고, 박 대통령의 민사와 형사사건을 대리했다. 2018년 9.19 군사합의 때 문재인 대통령을 여적죄로 최초 고발하고, 현직 대통령 문재인을 상대로 한 KBS 이사 해임취소소송을 맡아 승소했다. 2020년 21대 총선 후 민경욱 전 의원이 제기한 인천 연수구을 선거무효소송을 대리했으며 연수구을 · 영등포을 · 파주을 · 오산 · 남양주을 · 사하갑 재검표에 참여했다. 2024년 대구 중구남구 선거구에서 3차례의 경선을 거쳐 공천을 받았으나, 과거 발언 논란으로 공천이 취소되고 낙선한 후 변호사와 시민이 함께하는 <선진변호사협회> 대표직을 맡고 있다.

박주현 변호사

현재 KCPAC(한미보수연합, KOREA Conservative Political Action Coalition) 대표로서 제47대 미국 도널드 트럼프 대통령 취임식과 무도회에 초청받은 유일한 한국 변호사이다. 경남 거제 출신으로 서울대학교에서 인류학과 법학(부전공)을 전공했다. 서울대학교 법과대학원에서 행정법을 전공했다. 청와대 특별감찰담당관 · 국세청 국세공무원교육원 전임교수 · 국회 국회부의장 법률비서관과 정책보좌관을 역임했다. 경찰청 사이버테러수사국 전문가그룹 위원으로 활동하고 있으며, 4.15 총선 이후로 부정선거를 밝히기 위해 최일선에서 싸워왔고, 수많은 애국활동가들의 소송을 대리했다. 문재인 정권의 백신패스와 8·15 광복집회금지에 대한 행정소송에서 승소하여 시민들의 생명과 자유를 수호했다. 2024년 11월 트럼프 대통령 당선 후 플로리다 마라라고(Mar-a-Lago) 사저를 방문한 최초의 한국 변호사이며, 미국과 한국의 부정선거 규명 공조의 최일선에서 활동하고 있다.

윤용진 변호사 _____

현재 자유변협 공동대표 및 공정과상식자유민주주의연대 공동대표를 맡고 있다. 대구 출신으로 고려대학교 법학과를 졸업하였으며, 2020년 4.15 총선 선거무효소송 대리인으로 활동하였고 현재도 2024년 4.10 총선 선거무효소송 대리인으로 활약하고 있다.

2022년에는 방역패스 집행정지 소송대리인으로서 서울과 대구에서 집행정지 결정을 받아냈다. 2024년에는 사회적으로 큰 이슈가 된 동탄경찰서 성범죄 무고 사건과 관련, 동탄경찰서장의 파면을 요구하는 온라인 서명운동을 주도하여 여러 언론의 주목을 받은 바 있다.

현성삼 변호사 _____

부산에서 출생하여 동래고등학교와 서울대학교 법과대학을 졸업하였다. 동아대학교 법학전문대학원 졸업 후 제2회 변호사시험에 합격하여 현재 부산의 법무법인 청안로 변호사로 근무 중이다.

한반도인권과통일을위한변호사모임(한변)에서 부산지부장을 역임했으며, 부마위원회 위원, 중앙행정심판위원회 위원으로 활동 중이기도 하다. 2024년 4월 10일, 22대 총선에서 양산지역 투표사무소를 감시하다가 고발·구속되었던 애국자를 대리하여 불구속수사를 이끌어냈다.

매우 거친 자료를 수많은 분들이 정리하셨고, 데이터 분석과 투표지, 프린터, 분류기 등의 검증을 위해 많은 전문가들이 귀한 수고를 아끼지 않으셨습니다. 춥고 더웠던 지난 4년 내내 법정과 거리에서 부정선거를 밝히고자 애쓰셨던 국민이 이 책의 숨은 저자들입니다. 깊이 감사드립니다.

STOP THE STEAL
대법원의 부정선거 은폐 기록

초판 1쇄 발행   2025년 1월 20일
초판 3쇄 발행   2025년 2월 12일

저자   도태우 박주현 윤용진 현성삼

감수   민경욱
기획   선진변호사협회
디자인   김미성
교정   조경은 김민수

펴낸이   조정진
펴낸곳   도서출판 스카이
출판등록   2024년 3월 12일 제2024-000029호
주소   서울특별시 중구 새문안로 26 청양빌딩 7층(충정로1가)
대표전화   02)522-6595(대표)
팩스(주문)   02)522-6597
홈페이지   www.skyedaily.com

값 15,000원

ISBN 979-11-987185-3-2